Flávia Schilling

Professora Doutora da Faculdade de Educação
da Universidade de São Paulo.

A SOCIEDADE DA INSEGURANÇA E A VIOLÊNCIA NA ESCOLA

Coordenador da coleção:
Ulisses F. Araújo

Moderna

Moderna

COORDENAÇÃO EDITORIAL José Carlos de Castro
PREPARAÇÃO E REVISÃO DE TEXTO Lellis Assessoria Editorial
COORDENAÇÃO DE PRODUÇÃO GRÁFICA Fernando Dalto Degan
COORDENAÇÃO DE REVISÃO Estevam Vieira Lédo Jr.
REVISÃO Jane dos Santos Coelho Taniguchi
EDIÇÃO DE ARTE/PROJETO GRÁFICO Ricardo Postacchini
CAPA Ricardo Postacchini
DIAGRAMAÇÃO Andreza Cristina Moreira
SAÍDA DE FILMES Helio P. de Souza Filho, Marcio H. Kamoto
COORDENAÇÃO DE PRODUÇÃO INDUSTRIAL Wilson Aparecido Troque

IMPRESSÃO E ACABAMENTO *Bartira Gráfica e Editora Ltda.*

Dados Internacionais de Catalogação na Publicação (CIP)
(Câmara Brasileira do Livro, SP, Brasil)

Shilling, Flávia
A sociedade da insegurança e a violência na escola / Flávia Schilling. — São Paulo : Moderna, 2004. — (Coleção cotidiano escolar/ coordenador Ulisses F. Araújo)

1. Educação de crianças 2. Violência — Aspectos sociais 3. Violência nas escolas I. Araújo, Ulisses F. II Título. III. Série

04-4572 CDD-306.43

Índices para catálogo sistemático:
1. Educação e violência : Sociologia educacional 371.58
2. Violência e educação : Sociologia educacional 306.43

ISBN 85-16-04385-1

EDITORA MODERNA LTDA.
Rua Padre Adelino, 758 - Belenzinho
São Paulo - SP - Brasil - CEP 03303-904
Vendas e Atendimento: Tel. (0_ _11) 6090-1500
Fax (0_ _11) 6090-1501
www.moderna.com.br
2004

Seja lá como for, fico imaginando uma porção de garotinhos brincando de alguma coisa num baita campo de centeio e tudo. Milhares de garotinhos e ninguém por perto — quer dizer, ninguém grande — a não ser eu. E eu fico na beirada de um precipício maluco. Sabe o que que eu tenho de fazer? Tenho que agarrar todo mundo que vai cair no abismo. Quer dizer, se um deles começar a correr sem olhar onde está indo, eu tenho que aparecer de algum canto e agarrar o garoto. Só isso que eu ia fazer o dia todo. Ia ser só o apanhador no campo de centeio e tudo. Sei que é maluquice, mas é a única coisa que eu queria fazer. Sei que é maluquice.

J. D. Salinger, O apanhador no campo de centeio.

SUMÁRIO

APRESENTAÇÃO

Desatar

Reatar

Nós

Neste pequeno livro discutiremos a relação entre violência e escola. O mote proposto, nesta apresentação — "desatar e reatar nós" — , anuncia a perspectiva que daremos ao tema. Trata-se de tentar "desatar" alguns "nós" (amarras) que nos mantêm presos a um determinado modo de ver o problema. Porém, afrouxar ou desamarrar nossos "nós" é pouco: o desafio é, a partir de um olhar sóbrio acerca do que nos acontece, tentar o exercício de "reatar" os nós, com todos os seus sentidos. O sentido de recriar os laços que nos permitam viver — juntos — (na sociedade, na escola, na cidade) e o sentido de nos criarmos como "nós", como coletividade que consegue construir narrativas sobre a história que vivemos.

Pela primeira vez, em nossa história, lidamos, no Brasil, com nossa face violenta — esse tema informa a fala das pessoas no cotidiano, aparece de modo espetacular na mídia, permeia os discursos políticos, provoca ações de políticas públicas, produz pesquisas, debates. A sensação é de que a violência tomou conta do mundo.

Aparentemente estaríamos vivendo um momento histórico em que encaramos a face violenta da sociedade, com seus preconceitos de classe, de raça, com sua violência estrutural. Há dimensões da violência que deixam de ser invisíveis; há tipos de vitimização coletiva e individual que começam a ser vistos. Verifica-se a existência de conflitos coletivos, sociais, familiares que resultam em respostas violentas. Há um esforço para quebrar o silêncio que envolve essas questões que não são mais vistas como da vida privada ou secreta, e sim como questões políticas e públicas.

Nós, apanhadores no campo de centeio...

Espera-se, nestas páginas, desenvolver sobre o tema um pensamento que nos auxilie a agir como "apanhadores no campo de centeio" que somos (professores, educadores, pais e mães, adultos), superando a sensação de isolamento e de solidão que nos invade nesta contemporaneidade que parece viver em "tempos de cólera".

Qual será o nosso caminho? A proposta é de um passeio por este mundo em que vivemos, tentando qualificar o "estado do mal-estar" contemporâneo, que se reflete nos atos violentos e na percepção da existência de uma violência "que toma conta do mundo". Seguiremos propondo uma definição de violência e uma primeira aproximação com o conceito. Centraremos nosso debate no Brasil e na violência que está na escola: trata-se de violência "na" escola ou "da" escola? Essa será uma problematização que aparecerá de modo claro e recorrente, tanto nas pesquisas como nos estudos teóricos sobre o tema.

Como estaremos tratando da violência que está na escola, cercaremos o texto com aproximações da história, da geografia, da matemática, da gramática — da violência —, buscando, deste modo, dar conta formalmente das várias dimensões que cercam nosso problema.

1. O CONTEXTO: A SOCIEDADE DA INSEGURANÇA

A insegurança, sobretudo, não é um conjunto de fatos, é um modo de gestão da vida coletiva. (...)

O sentimento de insegurança não é uma crispação arcaica devida a circunstâncias transitórias. É um modo de gestão dos estados e do planeta para reproduzir e renovar em círculo as próprias circunstâncias que o mantêm.

Jacques Rancière, "O princípio da insegurança".

Entramos no século XXI cercados de perplexidades. Há vários autores (Wacquant, 2001; Bauman, 1999, 2000, 2001; Sennett, 2003; Rancière, 2003; Todorov, 1999; e muitos outros) que nos ajudam a pensar nos tempos atuais.

O que vemos no mundo? Vemos que a promessa de que o desenvolvimento técnico e científico nos livraria das guerras revela-se falsa. Duvidamos que possamos dar conta do desafio de conciliar liberdade e segurança. O progresso material parece não tender ao fim da fome e da criação de condições de vida dignas para todos. Assistimos (já conformados?) a guerras que se prolongam no tempo.

Essas observações geram em nós um sentimento brilhantemente descrito por Hannah Arendt (1973): *É como se estivéssemos sob algum encantamento, que nos permitisse realizar o "impossível" com a condição de não podermos fazer o possível, para realizarmos proezas fantasticamente extraordinárias com a condição de não sermos mais capazes de atender nossas mais banais necessidades diárias.*

Os títulos dos trabalhos produzidos contemporaneamente constituem, por si, manifestos: *O mal-estar da pós-modernidade* (Bauman, 1999), *A corrosão do caráter — As conseqüências pessoais do trabalho no novo capitalismo* (Sennett, 2003), *A crítica da razão indolente: contra o desperdício da experiência* (Sousa Santos, 2001). Os "títulos-manifestos" citados — apenas alguns exemplos, que poderíamos multiplicar — sugerem os temas que ocupam os autores: as transformações do mundo do trabalho; as conseqüências do capitalismo contemporâneo com sua face global em nosso cotidiano; o domínio do tempo presente tornado vertigem, "instantaneidade"; a dificuldade que isto traz para a construção de histórias, para a construção da idéia de "experiência". "Tudo é fugaz", foge, escapa entre os dedos. Estaríamos mergulhados na "modernidade líquida" (Bauman, 2001).

Medos à solta

Vários autores discutem a contemporaneidade acontecendo sob o signo da incerteza, da quebra de garantias e da insegurança. Recuperaremos, neste item, algumas reflexões sobre o tema, a partir de algumas obras já citadas de Zygmunt Bauman.

Esse autor define (2000, p. 25) três elementos como condições para a autoconfiança de que depende a capacidade de pensar e agir racionalmente: a segurança, a certeza e a existência de garantias.

Segurança. O que quer que tenhamos ganhado e conquistado continuará em nosso poder; o que foi alcançado manterá seu valor como fonte de orgulho e respeito; o mundo é estável, confiável e, assim, os seus padrões do que é adequado, os hábitos adquiridos para a ação eficaz e as atitudes aprendidas para enfrentar os desafios da vida.

Certeza. Saber a diferença entre o que é razoável ou tolo, digno de confiança ou traiçoeiro, útil ou inútil, próprio ou impróprio, lucrativo ou arriscado e todas as demais distinções que guiam as nossas opções diárias e nos ajudam a tomar decisões das quais – esperamos – não vamos nos arrepender; e conhecer os sintomas, presságios e sinais de alerta que nos permitem saber o que esperar e como distinguir um bom lance de um lance ruim.

Garantia. Contanto que se aja de forma correta, nenhum perigo mortal — nenhum perigo que não se possa enfrentar — ameaçará o corpo e as suas extensões — isto é, a propriedade, o lar e a vizinhança — nem o espaço em que se inscrevem todos esses elementos do "eu maior": a terra natal e o seu ambiente.

A leitura dos pontos definidos por Bauman nos inquieta: não sabemos se o que ganhamos e aquilo que conquistamos continuará em nosso poder. Não temos certeza se o emprego que conseguimos se manterá ou será "extinto". Se a casa em que moramos será nossa. Se aquilo pelo que nos esforçamos, nosso diploma, por exemplo, manter-se-á como fonte de orgulho e respeito ou será desqualificado. Se nossa vida construída em torno do esforço e do estudo, por exemplo, será digna de admiração ou se seremos qualificados de "otários". Se a honestidade é um valor a ser passado para os nossos filhos nem quais serão os padrões do considerado "adequado" para enfrentar os desafios da vida. Não sabemos a diferença entre o que é "razoável" ou "tolo". E quanto a conhecer os sinais ou presságios para distinguir os passos a serem seguidos? Um exemplo desta incerteza é a disseminação dos horóscopos, das leituras místicas de sinais, da busca por indícios que nos guiem. Qual será o "lance bom"? Será que, agindo de maneira correta, escaparei dos perigos? A violência da criminalidade urbana — que golpeia com indiferença, que é indiferente ao comportamento de sua vítima — desmente cotidianamente a possibilidade de vivermos com esta garantia essencial. Mas não "apenas" esta violência tão direta e cruel. Estamos cercados de "medos ambiente", sem saber se o nosso planeta, nosso mundo, nossa vizinhança escaparão dos perigos.

A matemática da violência

"Estudo realizado pela Secretaria do Trabalho da Prefeitura de São Paulo sobre dados do IBGE revelou que, entre 1992 e 2002, a taxa de desemprego nacional cresceu cerca de 40%, passando de 6,7% a 9,3% da População Economicamente Ativa (PEA). Conforme o levantamento, apesar de existirem mais pessoas de baixa renda desempregadas, a taxa de desemprego tem crescido mais rapidamente na classe média alta. E a maior escolaridade não reverte em menor desemprego para a camada mais pobre da população."

Valor Online, 19 fev. 2004.

Como cidadãos vivendo na sociedade atual, sentimo-nos como equilibristas na corda bamba.

Um aspecto essencial nesta construção da incerteza, na quebra de garantias e na insegurança é dado pelas transformações da situação de trabalho e nas formas atuais do capitalismo — predominantemente financeiro, por definição "volátil" e "fluido", "instantâneo". Nesta organização contemporânea do capital, os centros de decisão parecem opacos. Sabemos, de muitas maneiras, o que seria preciso fazer: a questão é quem, ou qual instância de poder, teria realmente poder para tomar as decisões. Neste mundo tomado pela velocidade (que repercute nas transações, nas relações afetivas, no caráter descartável dos ídolos, das "atitudes" e dos repertórios culturais), há quem está mais "fixo", "aprisionado", do que nunca. Este mundo fluido, dominado pela velocidade, pelo discurso que prega como um dogma a "flexibilidade", não é um mundo onde a "igualdade" ou a homogeneidade de posições aconteça: *(...) os advogados e soldados da flexibilidade não buscam a liberdade de movimentos para todos, mas a estimulante leveza do ser para alguns, que redunda em insuportável opressão do destino para outros. Os postulados da transparência e flexibilidade referem-se, em última análise, ao controle exercido pelos poderosos e capazes sobre as condições em que os outros, menos autoconfiantes, são forçados a escolher entre o modesto conjunto de opções que lhes resta ou submeter-se ao destino que lhes toca quando não há mais qualquer opção (...) A amplitude e rapidez de movimento fazem toda a diferença, indicando se a pessoa está no controle ou é controlada, se molda as condições de interação ou é moldada por elas, se age a "fim de" ou se comporta "em função de", se busca atingir objetivos com quase certeza do sucesso ou toma medidas defensivas numa situação de variáveis inteiramente desconhecidas que mudam sem aviso* (Bauman, 2000, p. 34).

Nessas sociedades em tempos de "globalização", "mundialização", "sociedade pós-industrial", "pós-modernidade", "modernidade radical", não se supõe a existência de uma igualdade de acesso aos novos bens ou às novas possibilidades.

Reconhecemos a existência de desigualdades de posições entre países, entre setores dentro de cada país. Se o capital está mais "fluido" do que nunca, o trabalho está mais aprisionado do que nunca ao local. Isso vale não apenas para o capital financeiro, que flutua de um país para outro de acordo com as vantagens concedidas pelos governos locais, mas também para o capitalismo industrial. Não há impedimentos, dentro do modelo de produção contemporâneo, de retirar fábricas de um local para outro, dependendo dos incentivos fiscais oferecidos, do custo inferior da mão-de-obra e da baixa capacidade de luta dos trabalhadores. Simultâneo ao processo de "volatilização", há o processo de "fixação". Os resultados desses processos não são somente o do aumento da concentração de renda e da desigualdade social — em virtude da diferença de posições de poder citada —, mas também a desmobilização política e sindical das populações afetadas.

A verdadeira novidade não é agir em condições de incerteza parcial ou mesmo total, mas a pressão contínua para desmantelar as defesas trabalhosamente construídas para abolir as instituições que visam limitar o grau de incerteza desenfreada e a extensão dos danos que a incerteza desenfreada causou e para evitar ou sufocar esforços na construção de novas medidas coletivas destinadas a manter a incerteza dentro de limites (Bauman, 2000, p. 35).

As instituições que limitavam o grau de incerteza que foram mais atingidas são as de previdência social e os direitos trabalhistas. Os direitos sociais — duramente conquistados durante os séculos XIX e XX — atuam como "redutores da incerteza", como fatores fundamentais na possibilidade de construção de uma vida que lide com os desastres, com a doença, com o envelhecimento, com os acidentes. Há um evidente impacto, em todos nós, desta precarização da existência. Voltemos à definição de segurança, certeza, garantia: quem nos protege dos infortúnios, quem arcará com reveses de um sistema que gira em torno do "mercado", como discurso forte? Se as instituições — leis e direitos — não o fazem, podemos pensar no retorno à família e à idéia de comunidade, etnia e raça acontecendo como uma reação a esta sociedade da insegurança, incerteza e quebra de garantias.

Segurança!!!

Ninguém mais tem presença garantida no mundo (Bauman, 2000, p. 38). Para Bauman, a cultura é a atividade que tradicionalmente encontrou respostas para as perguntas que nos mobilizam: de onde venho, o que devo fazer da minha vida e o que acontece após a morte?

Com efeito, a cultura — atividade contínua de traçar limites e construir pontes, separar e unir, distinguir ou conectar com a "natureza" (isto é, o resto do mundo que não tem como fatores os seres humanos pensantes e atuantes) — sempre foi e sempre será a atividade de dar respostas confiáveis às três perguntas referidas, que compõem um grande mistério: se é temporária a minha presença no mundo, por que estou aqui e com que propósito (se é que existe algum?)? Foi essa charada que estimulou todo tipo de homens à ação frenética, muitas vezes tresloucada, que em fins do século XVIII recebeu o nome de cultura; e foi esse enigma que fez da cultura, com sua densa rede de explicações e consolos, o valor supremo, o sine qua non, *para as criaturas conscientes de sua mortalidade* (Bauman, 2000, p. 40).

Esta é a importância da cultura, que cria estratégias para responder a essas questões fundamentais. Buscou-se a explicação religiosa, a da nacionalidade, a da família, a da classe social: refúgios contra a certeza da finitude. Hoje, na sociedade da insegurança, da incerteza, da quebra de garantias, investe-se no indivíduo, no corpo, nas tarefas práticas que dividam o grande medo em pequenos pedaços. Tentamos encontrar inimigos palpáveis: *Como o perigo maior é a morte — e está, assim, fora de alcance — é saudável condensar o medo ambiente numa parte do mundo ou numa categoria de pessoas facilmente reconhecível, nomeada e localizada* (Bauman, 2000, p. 52).

Como aparentemente não é possível atacar as causas estruturais que geram a incerteza, a insegurança e a quebra de garantias, vemos uma criminalização e um investimento penal nos comportamentos que até pouco tempo eram relativamente indiferentes. O crime aparece não mais como ruptura da ordem, mas como ameaça à segurança.

Essa é uma situação mundial que aparece com peculiaridades no Brasil. Singer (2003, pp. 317-9) traça seu histórico nos EUA:

Essas foram as condições que propiciaram que, nos anos 70, com o agravamento da insegurança econômica, a "guerra contra a pobreza" — lema do governo Johnson — pudesse ser transmudada em "guerra contra os pobres", caracterizada pelo desvio de verbas sociais para o setor de armamentos, pela burocratização dos processos de candidatura para as verbas sociais, pela eliminação do dispositivo de ajuda social.

Em contrapartida, deu-se um processo de criminalização da miséria, que retomando vários aspectos da política adotada, três séculos antes, pelos Whigs na Inglaterra, acabou por configurar o Estado penal. O Estado penal apresenta-se sob duas formas: a transformação dos serviços sociais em instrumentos de controle e vigilância e o recurso massivo ao encarceramento. Na primeira modalidade, o acesso ao auxílio social faz-se mediante a adoção de certas normas de conduta e de obrigações burocráticas onerosas e humilhantes, que servem de instrumento de vigilância sobre as "classes perigosas".

Na segunda modalidade, as idéias de reabilitação vão se enfraquecendo e as de repressão ganham apoio generalizado. As assistentes sociais são substituídas por policiais, as casas de tutelados são transformadas em instituições de vigilância máxima. Segundo o Departamento de Saúde e Serviços Humanos, entre 1993 e 1998, o número de famílias assistidas pelo welfare *caiu 42%. Já a taxa de encarceramentos subiu de cerca de 79 por 100.000 habitantes, em 1925, para 98/100.000 em 1973 e depois saltou abruptamente até atingir 648/100.000, em 1997. Assim, a população carcerária passou de pouco mais de 880 mil pessoas em 1992 para mais de um milhão e oitocentas mil em 1999 e, se considerarmos as pessoas em liberdade condicional ou vigiada, temos 5,4 milhões de americanos sob controle do sistema penal*[1].

(...) Este crescimento incessante dos encarceramentos deve-se, em primeiro lugar, à política de repressão aos pequenos delitos. Esta política ganhou força depois que foi adotada, em 1994, pelo prefeito de Nova York, Rudolph Giuliani, recebendo a alcunha de política de "tolerância zero" ou "qualidade de vida". Trata-se de um conjunto de reformas e estratégias do Departamento de Polícia da cidade, que tem por base teórica "a teoria das janelas quebradas", publicada por James Q. Wilson e Georges Keling, em 1982 e divulgada pelo Manhattan Institute, cujos seminários eram freqüentados por Giuliani, antes de se tornar prefeito. Segundo esta teoria, uma pequena infração, se tolerada, pode levar a um clima de anomia que gerará as condições propícias para que ocorram delitos mais graves. O responsável pela implantação da "tolerância zero" em Nova York foi o Comissário da Polícia William Bratton, que havia ganhado notoriedade como chefe da polícia de trânsito, aumentando o número de policiais nas estações do metrô, prendendo mendigos que ali habitavam e jovens que costumavam pular as roletas. A "tolerância zero" buscou generalizar esta estratégia para toda a gestão da segurança pública, valendo-se, para isso, dos

[1] Todos os números relativos ao caso americano são do *Bureau of Justice Statistics*, Washington, Government Printing Office.

mais modernos ícones da gestão empresarial: descentralização, desburocratização, informatização, produtividade e competitividade. Para atingirem os índices de produtividade almejados e manterem-se competitivas, as delegacias passaram a investir contra os alvos mais imediatos: primeiro, os lavadores de pára-brisas, os sem-teto, mendigos e pichadores. Depois, os "suspeitos" de narcotráfico: afro-americanos e latinos em geral (Belli, 2000).

A incerteza, a insegurança e a quebra de garantias, segundo Bauman (2000, p. 56), devem-se às transformações macroeconômicas e políticas; são, portanto, estruturais.

Aparentemente, seria difícil agir sobre elas. A única possibilidade de ação que teríamos seria sobre o sentimento de insegurança. Diz Bauman: *(...) transferir a ansiedade da insegurança e instabilidade globais, suas verdadeiras causas, para o campo da segurança privada é seguir no fundamental a mesma lógica.*

A matemática da violência

"Um exército à solta", diz a manchete de reportagem sobre o tema da revista Carta Capital[2]. "A indústria do medo faz circular cerca de R$ 100 bilhões por ano, 10% do PIB brasileiro, segundo números da Comissão de Direitos Humanos da Ordem dos Advogados do Brasil."

---

[2] Revista *Carta Capital*, nº 228, fev. 2003, p. 22.

Há a transferência dos medos, muitas vezes difusos, para a "segurança", para a lei e a ordem, para o Código Penal, com uma conseqüente "sobrecarga de segurança". É interessante ressaltar que essa "sobrecarga" é concomitante com a sensação de que estamos mais desamparados do que nunca. Essa "sobrecarga" aparentemente tem um efeito contrário ao que pretende sanar: aumenta o nosso medo.

Isto se deve, para Bauman (2000, p. 57), e esta reflexão é fundamental para quem atua em educação, à diluição da possibilidade de construção coletiva de um espaço público, de um espaço político: *Quando as coletividades deixam de construir e conservar os muros e fossos de proteção da cidade, cada um dos habitantes tem que freqüentar cursos de caratê.*

Quando não mais sabemos formular projetos comuns que nos orientem para a nossa vida em comum, construímos mais prisões.

A matemática da violência

"O estudo realizado pelo Depen indica que a população carcerária brasileira é hoje de 240.203 presos, o que significa que, no país, há 141 detentos por cada grupo de 100 mil habitantes. (...) São Paulo é o estado com maior número de presos, 99.026." (*Folha de S.Paulo*, 14 fev. 2004, C6).

Buscamos, também, refúgio em comunidades que se organizam em torno das identidades. Verificamos, nos ambientes urbanos, a multiplicação das "tribos", dos grupos, das gangues, das comunidades fechadas. Quando não há como formular um projeto de vida em comum, reduzindo a incerteza (de que não seremos mortos, de que nada acontecerá com as nossas famílias e com os bens — materiais e imateriais — que prezamos), a quebra de garantias (estaremos protegidos na velhice, poderemos enfrentar a doença, criar os nossos filhos, educar os nossos alunos), quando a segurança é a segurança física do corpo, dos bens, tememos os que são "estranhos", aqueles que são diferentes de nós.

Solitários amedrontados e sem comunidade ficarão procurando uma comunidade sem medos e aqueles encarregados do espaço público inóspito continuarão a prometê-la (Bauman, 2000, p. 22).

A matemática da violência

60% dos paulistanos são favoráveis à pena de morte
80% são favoráveis à adoção da prisão perpétua

Pesquisa DataFolha,
Folha de S.Paulo, 12 fev. 2004, C2.

Em busca do espaço público — Outros significados de segurança e da esperança

Lendo a Declaração dos Direitos Humanos de 1948, da Organização das Nações Unidas (ONU), encontramos no artigo terceiro que todo indivíduo tem direito à vida, à liberdade e à segurança pessoal. Esse é, de fato, o primeiro artigo da declaração que enumera conteúdos dos direitos humanos. São os direitos fundamentais: vida, liberdade, segurança. Os dois primeiros artigos da declaração qualificam o significado de "todo", "todos", afirmando sua universalidade, independente de sexo, raça, etnia, religião, origem nacional ou regional, classe social. É interessante pensar a respeito deste artigo neste pequeno capítulo que trata da sociedade da insegurança.

Podemos pensar no significado do "direito à vida", direito fundamental, como o direito a que não nos tirem a vida, como o direito a não sermos mortos. Mas será só este o significado do direito à vida? Se termos a nossa vida preservada é, com certeza, a premissa, podemos pensar no direito à vida sendo paulatinamente considerado como o direito a uma vida digna. A uma vida com trabalho, saúde, educação, previdência. Uma vida com a dignidade advinda dos direitos sociais, com a segurança de que não só não seremos mortos, mas de que poderemos criar nossos filhos, educar nossos alunos, formular projetos para o futuro.

O artigo terceiro da Declaração dos Direitos Humanos chama a nossa atenção para o eixo de nossas sociedades contemporâneas, ao relacionar a vida, a liberdade e a segurança. São direitos altamente comprometidos. Qual é a nossa segurança, hoje? Esse direito também pode ser pensado como transcendendo à significação estreita de segurança física. Pode ser pensado como trazendo à luz a necessidade de termos segurança no trabalho, segurança social, segurança moral.

Bauman chama a nossa atenção para o declínio da política e para a dificuldade de pensarmos num modelo de sociedade justa, coletivamente. Aparentemente, como as grandes decisões macroeconômicas são tomadas fora do âmbito da política, esta se tornou insignificante. Se não há soluções na política, ou alastra-se o conformismo ou explodimos em revoltas pré-políticas. Para esse autor, urge pensar sobre o que seria a sociedade justa e quais seriam os modelos do bem, da boa vida, que nos permitiriam definir quais são os bens comuns, os bens públicos a serem preservados e defendidos.

Lima Lopes (1994, p. 27) propõe a seguinte compreensão do que seria um "bem comum": *Numa sociedade livre o bem comum não é a conservação da vida tal como ela é, mas a conservação da vida — coletiva e individual — com a possibilidade dinâmica de ser diferente (...) Numa sociedade de homens livres, o bem comum é também um processo pelo qual se desvalidam regras e normas, se questiona a justiça do* status quo, *se alteram as categorias sociais criadas normativamente.*

Diz o mesmo autor que a adequada e justa distribuição do acervo comum — as coisas comuns (aquelas não-produzidas por ninguém, como os bens naturais); as coisas produzidas em comum; a autoridade, o poder e a liberdade; os incentivos a talentos individuais socialmente relevantes e desejados — é que propicia o bem comum, *aquela condição de realização de bens individuais, a busca da felicidade* (ibid). Nesta definição está explícita a necessidade de reconhecimento coletivo do que a cada momento será identificado como um "bem comum", a ser distribuído e defendido. Esse reconhecimento se constrói, portanto, socialmente, e não uniformemente incorporado pelos diferentes grupos sociais. Há, desse modo, o reconhecimento da conflitualidade que envolve a determinação do que é "bem comum", do que é sociedade "justa" (para quem?) e de quais serão os bens públicos em torno dos quais nos uniremos.

Esta tarefa é difícil na sociedade da insegurança: com o espaço público e a política tornados insignificantes, pareceria que a miséria e a dor são questões individuais e privadas. As soluções apresentadas são:

- incremento ou sobrecarga da segurança (entendida como segurança do corpo e dos bens) com uma difusão do direito penal que cobre o vazio deixado pelo direito social;
- investimento sobre o corpo pessoal, estético e intelectual, pois parece que a culpa, por exemplo, do não-ingresso no "mercado de trabalho" não se deve à inexistência deste mercado, e sim parece que é culpa do indivíduo, que não "malhou", emagreceu, preparou-se, "qualificou", modelou-se;
- investimento no consumo, único momento possível, da satisfação — "somos o que consumimos", "somos o que vestimos", "somos o carro que usamos".

Michael Moore, no recente documentário *Bowling for Columbine* (*Tiros em Columbine*, 2003), retrata a sociedade quando aprisionada no círculo vicioso do "consumo e medo". A violência entre aqueles que se "estranham" é uma alternativa.

> *(...) nada de roupa, nada de carro, sem emprego*
> *não tem IBOPE, não tem rolê sem dinheiro.*
> *Sendo assim sem chance, sem mulher.*

Você sabe muito bem o que ela quer.
Encontre uma de caráter se você puder.
É embaçado ou não é? (...)
Racionais MC's, *Fórmula mágica da paz.*

Bauman (e outros, como Sousa Santos, 2001) coloca o desafio de procurar *alavancas controladas e poderosas o bastante para tirar os indivíduos da miséria sofrida em particular; espaço em que as idéias podem nascer e tomar forma como "bem público", "sociedade justa" ou "valores compartilhados"* (2000, p. 10). Chama a atenção para a importância do saber, para a importância do conhecimento, para responder à pergunta: "o que nos acontece?". Sugere a reivenção da arte da política: *A arte da política, se for democrática, é a arte de desmontar os limites à liberdade dos cidadãos; mas é também a arte da autolimitação: a de libertar os indivíduos para capacitá-los a traçar, individual e coletivamente, seus próprios limites individuais e coletivos* (2000, p. 12).

2. A VIOLÊNCIA NA SOCIEDADE DA INSEGURANÇA

Silêncio! A gramática da violência

É difícil falar sobre a violência. Podemos nos questionar, sempre, se nossas falas não serão fracas, inoperantes, insignificantes. Se, neste cenário de violência tão intensamente apresentada e representada, nossas falas não são inertes, medíocres, banais.

Proponho, para tentar superar o impasse, que esse é justamente um dos primeiros efeitos ocasionados pela violência, quando esta deixa de "caber" nos marcos antigos, que nos diziam que esta era uma anomalia, um efeito de uma situação de anomia social, fruto de um desvio, de mentes perturbadas. A violência quebra os discursos que estavam prontos, arranjados, arrumados: instaura um questionamento profundo daquilo que era considerado como nossa "normalidade". Coloca-nos no corpo a corpo. Um poema de Paul Celan[3] retrata muito bem o silenciamento provocado pela violência, a dificuldade em representar a catástrofe:

> *(...) eles cavavam e não mais ouviam:*
> *eles não se tornaram sábios, não*
> *inventaram nenhuma canção,*
> *ou qualquer tipo de linguagem.*

Há um debate em curso sobre a "linguagem da violência". Gostaríamos de sugerir a problematização desta questão: qual será esta linguagem, a gramática que a rege, que faz com que possa ser amplamente falado de determinado lugar discursivo, predominantemente jurídico/médico, epidemiológico/militar? A pergunta seria: quem pode falar, contra quem, a favor de quem, de que maneira?

Analisando as relações de poder incluídas nessa gramática, vê-se que há quem é reduzido ao silêncio. Um dos silêncios centrais é o das vítimas (da violência, da doença, da corrupção), "faladas" por outros. Há uma associação entre a importância da dor para a conquista de algo chamado "maturidade". O poema de Paul Celan retrata muito bem, em contraposição a esta visão,

[3] Paul Celan, citado por Bruno Bettelheim, *Sobrevivência* (ver mais dados na Bibliografia).

o silenciamento provocado pela violência, a dificuldade em representar a catástrofe. Não nos tornamos mais sábios. Não se criam discursos, audíveis, quando estas questões — públicas e políticas — são analisadas como privadas e vistas sob o registro da doença/desordem.[+]

Tudo era silêncio, como num aquário e como em certas cenas de sonhos (Levi, 1988, p. 18). Mesmo com grande esforço e enorme sensação de cansaço, o nosso desafio é tentar inventar novas palavras ou recuperar palavras um pouco esquecidas. Exercitar o olhar informado, detectar a multidimensionalidade da violência, onde ocorre, como ocorre, a quem envolve e como agir, como reparar os danos.

A violência é multidimensional

Uma pergunta que sempre faço quando me pedem para falar sobre violência é: "De que violência vocês querem que eu fale? Da violência das paixões? Da violência que acontece na família — contra a mulher, a criança, o idoso, o portador de 'necessidades especiais',

[+] Diz Enriquez (1974, pp. 88-9): *o discurso da violência é um discurso sem voz (...) o que ela promove não é o reino do discurso, que permite o reconhecimento mútuo, é o do corpo a corpo sem mediação, da hegemonia direta dos senhores sobre os escravos.*

contra aquele(a) que tem uma orientação sexual diferente? Da violência do desemprego, da fome, da falta de acesso e de oportunidades, da falta de justiça? Da violência das instituições? Da violência das escolas, das prisões, da polícia? Da violência da corrupção? Da violência do preconceito, do racismo, da discriminação, dos crimes do ódio, entre tribos, entre aqueles que se juntam e consideram o outro um inimigo a ser aniquilado? Da violência da criminalidade?".

De que tipo de violência falamos quando falamos em violência? Esta é a primeira pergunta a ser feita.

Um exemplo desta multidimensionalidade do objeto pode ser encontrada nas coletâneas que existem sobre o tema. Examinando o sumário de uma coletânea recente e de excelente qualidade, publicada pela Fundação Seade do Estado de São Paulo[5], encontramos os seguintes temas: violência e crime no Brasil da redemocratização; novos processos sociais e violência; ética política e mal-estar na sociedade; desigualdade e limites do governo das leis; corrupção e violência; violência nas prisões; imagem e violência; cultura da violência na cidade; a fratria do rap na periferia; políticas públicas de segurança e a questão policial; o custo da

[5] VÁRIOS, "Violência e mal-estar na sociedade" (ver mais dados na Bibliografia).

violência; exclusão territorial e violência; homicídios em São Paulo; o massacre de Eldorado de Carajás; violência na família: "já se mete a colher em briga de marido e mulher"[6].

Há violências diversas implicando atores (sujeitos) diversos e acontecendo sob formas diferentes (violência física, psicológica, emocional, simbólica). A exigir respostas diferentes. De diferentes dimensões — macro e micro —, que se relacionam entre si de maneiras peculiares. Em todos os casos, há agressores específicos e há vítimas.

Há vítimas em todos esses casos. Chamamos a atenção para a fraca presença de trabalhos sobre as vítimas da violência urbana. Há um acervo de experiências e estudos sobre crianças, jovens e mulheres vítimas da violência doméstica, violência sexual e maus-tratos; há uma preocupação com a criação de políticas públicas de atendimento, ainda que insuficientes e não integradas na ação escolar. Insuficientes, inclusive, por não considerarem que, além da vítima direta, há vítimas indiretas nessas situações. Não contamos, no entanto, com trabalhos sobre a problemática da criança, do jovem e do adulto em contato direto com a morte violenta e com a violência característica da criminalidade urbana, com a vitimização direta ou indireta por ela

[6] SAFIOTI, Heleieth. "Já se mete a colher em briga de marido e mulher" (ver mais dados na Bibliografia).

produzida. São ações necessárias que oferecem condições para que o sofrimento psíquico possa encontrar alívio e o circuito da violência possa ser rompido em seu mecanismo mais delicado: aquele que é produzido silenciosamente no interior das vítimas. Há, também, de fato, poucos trabalhos sobre os agressores. Quem são realmente? Quais foram as experiências que os levaram ao crime?[7] Há, portanto, um círculo de silêncio em torno dos protagonistas das violências. Eles são falados por especialistas, por criminólogos, por psiquiatras. Não falam. Não têm voz própria[8].

Além da vitimização direta, há um tipo de vitimização difusa ou coletiva que nos afeta a todos. Não somos mais os mesmos após os relatos da mídia, que cotidianamente nos apresenta o horror dos crimes urbanos, das imagens das guerras internacionais. Vamos sendo construídos como subjetividades atemorizadas.

---

[7] Já citamos o filme de Michael Moore, *Bowling for Columbine* (*Tiros em Columbine*, 2003); e há sobre o mesmo caso *Elefante (Elefant*, 2003, dirigido por Gus Van Sant*)*. Chamo a atenção para o filme *Morte Densa*, de Kiko Goifman, de 2003, um excelente documentário com pessoas que mataram uma vez.

[8] Gostaria de mencionar iniciativas governamentais existentes em várias cidades do Brasil. Destaco o Centro de Referência e Apoio à Vítima, em São Paulo, primeiro centro a oferecer atendimento a vítimas indiretas da violência urbana, especificamente crimes fatais.

Vê-se a multidimensionalidade e a complexidade desse conceito, dessa palavra que se abre, expande-se em muitas direções. Se o objeto é complexo, fica claro que não daremos conta dele de modo simplista. As respostas ao desafio de encarar de frente a nossa violência também precisam ser complexas e dar conta dessas múltiplas dimensões. Essas violências, além disso, dialogam de maneiras diferentes e peculiares entre si. Urge ver e reparar, superar a "opacidade".

Violência: definições possíveis

Segundo Yves Michaud (1989), a violência introduz o desregramento e o caos num mundo estável e regular. Nessa afirmação ainda se fala da violência num sentido bem geral. Podemos estar pensando na violência do vento, da tempestade, do mar, de uma paixão, na violência da guerra ou do crime. A violência, neste primeiro momento, está associada a uma força que em si não é nem boa nem má: é uma força que foi além dos limites e que escapou das previsões, é uma força que provocou uma ruptura em um mundo considerado "estável e regular". Mesmo dizendo que não há discurso nem saber universal sobre a questão, Michaud propõe uma definição que é apropriada para nossa sociedade e para outras do mesmo tipo: *(...) há violência quando, numa situação de interação, um ou vários atores agem de maneira direta ou indireta, maciça ou esparsa, causando danos a uma ou várias pessoas, seja em sua integridade física, seja em sua integridade moral, em suas posses, ou em suas participações simbólicas e culturais* (1989, p. 13).

Nessa definição, Michaud introduz a violência social, a violência entre as pessoas de uma sociedade. Propõe uma definição ampla. A violência é compreendida além da violência física (a violência em si) e é vista como psicológica ou moral, como danos à pessoa ou à sua extensão — família, vizinhança, bens. Neste caso, a discriminação, por exemplo, é uma violência. Atinge a integridade moral de uma pessoa, afeta sua participação simbólica e cultural na sociedade[9].

Marilena Chauí (1999) contrapõe violência e ética. Diz: *(...) violência é um ato de brutalidade, sevícia e abuso físico ou psíquico contra alguém e caracteriza relações intersubjetivas e sociais definidas pela opressão e intimidação, pelo medo e pelo terror. A violência se opõe à ética porque trata seres racionais e sensíveis, dotados de linguagem e de liberdade, como se fossem coisas, isto é, irracionais, insensíveis, mudos, inertes ou passivos.*

---

[9] Chamamos a atenção para o estudo de ELIAS, Norbert, *Os Estabelecidos e os Outsiders* (ver mais dados na Bibliografia).

Essa definição é ampla e moderna: incorpora como violência, indo além da violência física, a violência psíquica contra alguém. Ações que comportam humilhação, vergonha, discriminação, são consideradas hoje condutas violentas. Além da violência interpessoal ou intersubjetiva, incorpora a violência social, supondo toda a dimensão estrutural da violência, própria da sociedade: podemos, portanto, falar da violência da ameaça do desemprego ou do próprio desemprego, da violência da fome e da miséria, da exclusão. Propõe que existe violência quando tratamos sujeitos, seres livres, racionais e sensíveis, como coisas.

Essas definições de violência dialogam com a compreensão de quais são os direitos humanos das populações. Os direitos humanos são um conjunto de direitos civis, políticos, econômicos, sociais, culturais e ambientais. Assim, as violações dos direitos humanos individuais ou coletivos são vistos, progressivamente, como dimensões da violência.

A violência tem história — A história da violência

Lidamos com a quebra de um mito, ou, segundo Marilena Chauí (1996/1997, p. 120), de um preconceito muito brasileiro, que nos informa que somos não-violentos, pacíficos e ordeiros por natureza. Esse seria, para a autora, um dos preconceitos profundos da nossa sociedade: *Um dos preconceitos mais arraigados em nossa sociedade é o de que "o povo brasileiro é pacífico e não-violento por natureza", preconceito cuja origem é antiqüíssima, datando da época da descoberta da América, quando os descobridores julgavam haver encontrado o Paraíso Terrestre e descreveram as novas terras como primavera eterna e habitadas por homens e mulheres em estado de inocência. É dessa "Visão do Paraíso" que provém a imagem do Brasil como "país abençoado por Deus" e do povo brasileiro como cordial, generoso, pacífico, sem preconceitos de classe, raça e credo. Diante dessa imagem, como encarar a violência real existente no país? Exatamente não a encarando, mas absorvendo-a no preconceito da não-violência.*

Questiona-se uma visão de história que conta um encontro feliz entre raças, com uma colonização benigna, que nos diz que vivemos em um país sem guerras ou revoluções sangrentas, sem tufões, ciclones, terremotos, "bonito por natureza". Os direitos, mais do que conquistados, teriam sido dádivas de governantes benevolentes. A Independência, a República, a Abolição da Escravidão, a conquista dos direitos sociais, tornam-se, nessa visão, fatos que devemos à atuação de alguns homens visionários. Aparentemente foram "concedidos". Ficam guardadas — nos porões da memória coletiva — as lutas. Viveríamos em um país que se pensa, então, como avesso ao conflito. Um país que se pensa sob a ótica do consenso. Aqui, conflito vira sinônimo de violência. Brasil: horror aos conflitos! Talvez esta seja uma das razões para a nossa pequena adesão à democracia. Pois a democracia se caracteriza por sua capacidade de lidar com o dissenso: mais do que o consenso, a possibilidade de lidar de forma não violenta e mortal com o dissenso é o que diferencia a democracia de outras formas de governo.

Percorrendo rapidamente outros escritos sobre a história brasileira, não podemos deixar de destacar o clássico de Maria Sylvia de Carvalho Franco, *Homens livres na ordem escravocrata.* Nesse livro, a autora nos conta sobre o mundo dos homens livres tendo como *presença ausente* o escravo. Diz que, ao escravo, *esteve ligado não só o destino de seus proprietários, como também a sorte dos homens livres e pobres* (1983, p. 9). No capítulo "O código do sertão", a autora relata casos de homicídio em pequenas comunidades no século XIX. Comenta: *(...) de uma perspectiva racional, na quase totalidade dos casos examinados, será inevitável constatar uma desproporção entre os motivos imediatos que configuraram um determi-*

nado contexto de relações e seu curso violento (...) Os fatos acima relatados indicam que os ajustes violentos não são esporádicos, nem relacionados a situações cujo caráter excepcional ou ligação expressa a valores altamente prezados os sancione. Pelo contrário, eles aparecem associados a circunstâncias banais, imersas na corrente do cotidiano (1983, pp. 24-5). A violência permeia as relações de vizinhança, de cooperação, familiares: *(...) essa violência atravessa toda a organização social, surgindo nos setores menos regulamentados da vida, como as relações lúdicas, e projetando-se até a codificação dos valores fundamentais da cultura* (1983, p. 25).

A violência tem história e esta se expressa em continuidades (a permanência, por exemplo, desta, na resolução de conflitos entre vizinhos, na família, com suas conseqüências fatais) e em rupturas (atos que não eram vistos como violentos começam a ser percebidos como tal).

Um exemplo deste segundo caso é a história da violência contra a mulher. Durante muito tempo, considerou-se a ação violenta de um marido contra uma mulher uma atitude disciplinadora, muito semelhante à praticada com as crianças. Há o ditado que reflete esta mentalidade: "Em briga de marido e mulher ninguém mete a colher". Hoje, refletindo as transformações das relações de poder na família, formalizadas no novo Código Civil, luta-se pela criminalização da violência doméstica. Há instituições governamentais criadas para receber as denúncias das mulheres vítimas de violência: delegacias da mulher e casas-abrigo. Há organizações não-governamentais (ONGs) que desenvolvem trabalhos de suporte. Essa é uma violência que era "invisível", não vista como tal. Foi a mudança nas relações sociais, a presença do movimento feminista, das organizações de apoio que apontou seu caráter violento.

A violência é falada na linguagem das epidemias — A gramática da violência

Durante o ano de 2002, em São Paulo, convivemos com discursos que, veiculados principalmente pela imprensa cotidiana paulista, informavam-nos sobre algumas "epidemias". Em primeiro lugar, a epidemia da dengue, a exigir um cuidado no nosso jardim, um olhar atento sobre o inseto inimigo, presente em qualquer lugar, pronto para atacar sem distinção de sexo, idade, posição social.

Porém, outras epidemias se fazem presentes nos discursos políticos e jornalísticos do ano de 2002. Fala-se na "epidemia" da violência, exigindo-se, assim, a vigilância constante sobre a nossa liberdade e um olhar médico, sociológico, pedagógico, criminológico, principalmente sobre os jovens, homens, perpetradores e vítimas preferenciais. Neste caso, diferentemente do mosquito que ataca indiscriminadamente, verifica-se a existência de territórios violentos, bem como idades, sexo, raça/etnia e condição social preferencial. Há discursos que tratam a violência (termo que agrupa um grande número de práticas heterogêneas, envolvendo conflitos e atores diferentes) do ponto de vista epidemiológico, como uma questão de saúde pública, retratando uma sociedade doente e que exige a intervenção de determinados setores. Os discursos que cercam a "questão da violência" são relativamente heterogêneos: se o discurso epidemiológico é dominante na imprensa, em programas de partidos políticos, em algumas propostas de políticas públicas é mais disputado por abordagens antropológicas, sociológicas e psicológicas que escapam a essa visão. O ponto de cruzamento forte da medicina (saúde/doença) com a "violência" (da criminalidade urbana violenta) é a droga, vista como a fonte primeira do "mal".

Estaríamos, assim, envoltos por "males" que exigem soluções e respostas. Se o tratamento da dengue do ponto de vista epidemiológico é evidente, podemos problematizar a emergência de outras questões — violência e corrupção — como "problemas sociais" sob a metáfora da "epidemia".

A primeira idéia que essa utilização intensiva da metáfora da epidemia sugere é que algo que estava "fora" irrompe: a epidemia é vista como a invasão de um "outro" proveniente de outro tempo ou de outro lugar. A sociedade é percebida como um organismo com seu sistema imunológico enfraquecido ou desorganizado. Esta colocação do problema como proveniente de uma exterioridade, de "outros" caracterizados ou como "vírus" ou como "ogros", sugere a existência de uma tática: ao separar podemos combater. Urge separar o sadio do doente, dividir o que pertence ao passado e o que pertence ao presente para atuar, para extirpar, para combater.

Essa separação, essa colocação do fenômeno fora, do lado de lá, permite uma dada caracterização do problema, assim como dos seus responsáveis, e sugere formas de atuação. São usados termos fortes que conclamam a ação urgente diante dessa emergência, dos desastres, dos ataques, das invasões microbianas que justificariam a necessidade de uma intervenção radical, um combate, uma guerra. São termos mobilizadores, próprios de um confronto social — são termos de luta. Não admitem réplica: quem poderia colocar em questão a necessidade de uma intervenção num organismo doente? A saúde não é o supremo bem? Quem colocaria em questão a intervenção ante uma epidemia? Criam-se, deste modo, linhas divisórias entre os homens do bem e os homens do mal, entre os bandidos e os trabalhadores, entre os desonestos e os honestos.

Discursos, portanto, que promovem uma visão de "sociedade", que forçam uma determinada perspectiva sobre os conflitos que esses temas expressam, que implicam determinadas "soluções" que fortalecem modos específicos de governar, de exercer o poder.

A violência compreendida como a violência da criminalidade

A corrupção é, conjuntamente com o crime organizado ligado sobretudo ao tráfico da droga e ao branqueamento do dinheiro, a grande criminalidade desse terceiro período (crise do Estado-Providência) e coloca os tribunais no centro de um complexo problema de controle social.

Sousa Santos e outros, "Os tribunais nas sociedades contemporâneas", p. 39.

No 9º Congresso das Nações Unidas sobre Prevenção do Crime e Tratamento dos Transgressores, em 1995, o então secretário-geral da ONU, Boutros Boutros-Ghali, fez o seguinte comentário: *(...) os poderosos cartéis do crime estão fora do alcance das leis nacionais e internacionais (...) esses elementos criminosos se aproveitam tanto da liberalidade da nova ordem econômica internacional quanto das diferenças existentes nas leis e práticas dos países. Eles movimentam gigantescas somas de dinheiro, que usam para subornar autoridades e alguns desses impérios do crime são mais ricos do que muitas nações do mundo* (1995, p. 2).

O secretário-geral da ONU chama a nossa atenção para a dimensão do crime organizado internacional, para como este se vincula com a nova ordem econômica e para as diferenças existentes entre as leis internas e as práticas dos países no comércio e nas relações internacionais (onde impera o "vale-tudo").

A constituição da violência como sendo por excelência a violência da criminalidade urbana gerou um problema central para o Estado moderno, pensado teoricamente como o único depositário do uso legítimo da violência. Convive-se, em nossas cidades, com exércitos de seguranças particulares, armados, fracamente fiscalizados.

Cabe assinalar, aqui, uma discussão clássica sobre os efeitos dessa situação para a construção da democracia. A sucessão sem-fim de casos que se apresentam no cenário urbano cria a sensação profunda de insegurança e medo, provocando um retraimento generalizado das pessoas que se cercam em suas casas, abandonando em maior ou menor medida os espaços públicos. Constituímo-nos como cidadãos atemorizados, com fraca participação pública, minando, assim, os esforços pela ocupação de espaços na política e na gestão da coisa pública, imprescindíveis para a construção democrática. É um efeito similar ao da sucessão de denúncias de casos de corrupção que constroem a imagem da política como sendo um lugar "sujo", reservado, portanto, para os desonestos — conformando, deste modo, cidadãos avessos à política. Novamente, um problema central na luta pela construção da democracia, que exige cidadãos participantes.

Podemos ver e reparar, todos os dias, na relação profunda entre a violência (da guerra, do tráfico de drogas, do crime organizado, da criminalidade urbana violenta) e o poder econômico. Constata-se que a violência gera lucros: sustenta um grande número de atividades econômicas legais, gera empregos, como os da indústria da "segurança" (ou da insegurança e do medo), com suas câmeras, muros, segurança particular. A Polícia clama por mais equipamentos para poder fazer frente ao poder letal dos bandidos. A indústria de armas parece mais potente do que nunca. O crime movimenta grandes quantias nos bancos. Há tentativas: leis que tentam cercar a "lavagem de dinheiro", novas formas de investigação que tentam dar conta do perfil contemporâneo do crime.

O número de pessoas presas no mundo cresce vertiginosamente, levando alguns autores a declarar que passamos do Estado-Social para o Estado-Penal, da Sociedade Previdência para a Sociedade Penitência[10]. Esse aumento de pessoas presas é paralelo a um aumento do sentimento de insegurança. É paralelo, também, a transformações no ambiente de trabalho — manchetes de jornais anunciam a relação entre desemprego e crimes urbanos.

A matemática da violência

"Desemprego alavanca roubos no trânsito." A reportagem diz: "(...) numa escala de 0 a 100, é possível afirmar que o desemprego explica 85% da variação dos ataques em carros, 80% da oscilação dos casos em ônibus e 74% dos altos e baixos dos assaltos a pedestres".

Folha de S.Paulo, p. C1, citando pesquisa do IBGE, 4 abr. 2004.

Trata-se, portanto, de perceber o contexto da violência atual, sua relação estrutural com este sistema econômico que, com sua transformação, cria um impacto profundo no mundo do trabalho. Essa é a primeira premissa para que possamos agir sem ingenuidade: o crime é uma das atividades econômicas mais importantes no

[10] Ver WACQUANT, Loïc, especialmente *Os condenados da cidade* e *As prisões da miséria* (ver mais dados na Bibliografia).

sistema mundial. Essa dimensão econômica, essa relação estrutural, é muitas vezes ignorada.

O desafio de "ser alguém na vida" — Agressores e vítimas nos crimes urbanos

Já apontamos para a multidimensionalidade da violência, para sua detecção em espaços e relações distintas.

Em cada uma das dimensões apontadas há agressores e vítimas. Mulheres, crianças, idosos, portadores de necessidades especiais — nos casos de violência na família. Os agressores? Geralmente os pais, padrastos, maridos, companheiros.

A matemática da violência

"Em 20 anos (de 1980 a 2000) 598.367 brasileiros foram assassinados. No período a taxa de mortalidade por homicídio no país cresceu 130% passando de 11,7 mortos por 100 mil habitantes para 27 por 100 mil (...) dos quase 600 mil assassinados, 62% o foram na década de 90. O número total de mortes violentas (incluem suicídio e acidentes de trânsito) nesses 20 anos foi de 2.069.866 brasileiros, sendo que os homens representaram 82,2% desse total."

Folha de S.Paulo, p. C1, dados do Datasus,

"Síntese de indicadores sociais", Rio de Janeiro, IBGE, 14 abr. 2004.

Nos crimes urbanos, encontramos uma população que é especialmente afetada. Se analisamos os índices de homicídio, podemos perguntar: quem morre e quem mata? Quem é vítima e quem é agressor? Constata-se a semelhança de perfil entre a vítima e o agressor. *As mortes violentas no Brasil ao longo destas últimas décadas vêm assumindo proporções cada vez maiores (...) Embora não seja um fenômeno exclusivo da sociedade brasileira, uma vez que ela atinge vários países com diferentes níveis de desenvolvimento (...) muitos estudos têm se dedicado a este problema. Em geral, consideram mais especificamente a questão da violência urbana (...) Indicam que as principais vítimas por homicídio são jovens de sexo masculino, de cor parda ou negra, com baixa escolaridade e pouca qualificação profissional* (Maia, 1999, p. 121).

Esses estudos mostram o impacto dos homicídios na expectativa de vida da população masculina entre 15 e 34 anos. A maior concentração dos eventos fatais acontece na faixa dos 17 aos 24 anos. Geograficamente, esses eventos encontram-se muito claramente definidos: são jovens moradores de regiões periféricas urbanas.

A geografia da violência

Jovens moradores de regiões de risco —
Os territórios violentos

Se tivéssemos que apontar apenas um elemento — comum e o suficientemente forte — para definir cidades brasileiras histórica e regionalmente distintas, este seria sem dúvida a existência (e permanência no tempo) de contrastes profundos entre condições urbanas radicalmente distintas convivendo, muitas vezes conflitando, no interior da mesma cidade. Os morros e o asfalto na zona sul do Rio de Janeiro, o centro e as periferias da metrópole paulistana, o mangue e a orla da cidade à beira-mar são traduções territorialmente distintas da desigualdade de oportunidades urbanas que define nossas cidades.

(Rolnik, 1999, p. 100).

Há uma série de fatores que confluem e que constituem o ambiente para o aparecimento dos eventos fatais. A pergunta central poderia ser formulada do seguinte modo: Quais são os projetos de vida que podem ser desenvolvidos em regiões geográfica e socialmente de inclusão–exclusão precária e instável? Quais são as perspectivas de futuro?

Norbert Elias (2000), em sua clássica pesquisa *Os estabelecidos e os outsiders*, descreve as situações dos jovens *outsiders*, de um bairro operário inglês: *Os jovens comuns, em outros meios sociais, cedo aprendem a pensar em si em termos de futuro. Para a maioria dos jovens indisciplinados do loteamento, porém, era difícil ter qualquer visão de si mesmos a longo prazo. Eles viviam no presente e para o presente. Essa era outra diferença que contribuía para erguer barreiras entre eles e os demais. Eles não entendiam o que sentiam, como pensavam e de que modo viviam as pessoas do outro lado das barreiras, e estas, por sua vez, não compreendiam estes jovens turbulentos; sua reação indicava com perfeita clareza que, para elas, tais adolescentes eram, quase que literalmente, "ninguém". Quanto aos jovens, como sucede a outras pessoas, eles queriam ser "alguém". Mas a única maneira de mostrar aos que os tratavam como "ninguém" que de fato eles eram "alguém" era inteiramente negativa (...) a lógica de seus sentimentos e atos parecia ser: "vamos obrigá-los a prestar atenção a nós, se não por amor, ao menos por ódio". Ao agir de acordo com este sentimento, eles ajudavam a reproduzir a própria situação de que tentavam escapar* (pp. 144-5).

E as meninas, onde estão?

Estudando mais que os meninos, mais desempregadas que os meninos. Talvez ganhando menos por igual posição no mercado de trabalho, mesmo tendo maior escolaridade. Tal situação, que se reflete no temor de "não ser nada na vida", pode ser relacionada com outras questões sociais que invadem as manchetes e nos preocupam, como, por exemplo, o aumento do número de casos de gravidez na adolescência. Esta pode ser interpretada como um meio de escapar, em um momento de falta de perspectivas coletivas de uma vida melhor, da condenação de "não ser nada na vida": ser mãe é uma forma de inclusão, de identidade positiva, de ter um lugar, de ser algo na vida.

O noticiário nos alerta que outra alternativa para ser "alguém" poderia ser, para as meninas, o ingresso no crime.

Diz a reportagem, cuja manchete é "Dobra o número de meninas na Febem": "Fui eu quem quis, ninguém me influenciou."; "Foi pelo dinheiro fácil."; "Gostava de andar na moda."; "Só queria balada.". Comenta o repórter: "Nos relatos, não existe o papel de vítima. Assumem a responsabilidade pelos crimes que cometeram — roubo qualificado e tráfico de drogas são os principais — com uma maturidade que contrasta com a voz fina, tranças e enfeites no cabelo" (Gilmar Penteado, *Folha de S.Paulo*, 21 mar. 2004, p. C1).

A matemática da violência

Meninos
fev. 2001: 4.104
fev. 2002: 4.607
fev. 2003: 5.359
fev. 2004: 6.218

Entre os meninos o crescimento foi de 49,3%.
Fonte: *Folha de S.Paulo*, 21 mar. 2004, p. C1.

A matemática da violência

Meninas
fev. 2001: 140
fev. 2002: 154
fev. 2003: 216
fev. 2004: 289

Entre as meninas o crescimento foi de 106,4%.
Fonte: *Folha de S.Paulo*, 21 mar. 2004, p. C1.

A matemática da violência

Jovens que passaram pela Febem

Meninos:
2001: 10.476
2002: 11.190
2003: 12.940

Meninas:
2001: 603
2002: 713
2003: 809

Fonte: *Folha de S.Paulo*, 21 mar. 2004, p. C1.

A matemática da violência

Principais crimes:

Meninos/Meninas
Roubo qualificado: 50%/32,7%
Tráfico de drogas: 11,8%/19,7%
Roubo simples: 8,9%/15,8%
Furto: 6,2%/5,0%
Descumprimento de Medida: 6,1%/4,8%
Outros: 17%/22%

Fonte: *Folha de S.Paulo*, 21 mar. 2004, p. C1.

São reflexos da sociedade da insegurança nos setores mais vulneráveis: jovens, meninos e meninas, convivendo com o medo de não serem "nada na vida", "ninguém".

Hannah Arendt — a importância de diferenciar poder e violência

Falamos bastante sobre violência e sobre relações de poder. Em que momento estes dois termos se confundem? Qual é a relação que existe entre eles? Aparentemente, a possibilidade de uso da violência refletiria uma posição privilegiada de poder. Um país usa a violência contra outro país quando tem mais poder? Um homem usa a violência contra a mulher ou o filho porque tem mais poder? Hannah Arendt (1973) é uma autora que diferencia esses termos: propõe que não apenas ocupam dimensões diferentes como se opõem. Esta discussão é muito importante para nós, que trabalhamos na educação: já trouxemos a alternativa proposta por Bauman (2000) de reconstrução do espaço público e da Política (com P maiúsculo). Vivemos, nestas últimas duas décadas no Brasil, anos que nos trouxeram, lado a lado, o aumento da desigualdade social, o aumento da violência criminal e a tentativa de construir um país democrático: como lidar com essa equação? Uma das propostas em pauta, por exemplo, nas escolas é a da construção de uma gestão democrática. Gestão/governo democrático nas escolas seria uma das maneiras de lidar com a violência estrutural, social, criminal, que formam o nosso "campo de centeio". Gestão/governo são termos que implicam determinada relação de poder. Tememos exercer o poder que temos? Sabemos o poder que temos, como educadores? Cabe, portanto, recuperar a diferenciação entre poder e violência.

Hannah Arendt (1973), no texto "Da Violência", diferencia poder, fortaleza, força, autoridade e violência. Diz: *O poder está realmente na essência de todo governo, mas a violência, não. A violência é por natureza instrumental. (...) o poder não necessita de justificação, sendo inerente à própria existência de comunidades políticas; o que realmente necessita é de legitimidade. (...) a violência pode ser justificada, mas nunca será legítima* (p. 129).

O que é, então, o poder? Classicamente, é um conceito ligado à dominação do homem pelo homem, expressa em diferentes formas de governo, do ato de governar. As abordagens tratam das formas de governo (de domínio) do homem sobre o homem, que podem ser: de um ou de poucos, como a monarquia e a oligarquia; de muitos, ou dos melhores, como na república, na democracia e na aristocracia. Arendt aponta, hoje, mais uma forma de domínio, a da burocracia: *Há a burocracia (...) que poderia ser chamada de "domínio de Ninguém". (...) É este estado de coisas que torna impossível localizar responsabilidades e localizar o inimigo, que está entre as causas mais poderosas da rebelde inquietação mundial de hoje, da sua natureza caótica, e de sua perigosa tendência de escapar do controle e se radicalizar furiosamente* (idem, p. 118).

Para Arendt, o conceito de poder diz respeito não apenas à capacidade humana de agir, mas de agir de comum acordo (idem, p. 123). A violência é diferenciada do poder, pois possui um caráter instrumental. É um meio, que pode destruir o poder (idem, p. 124).

A violência sempre pode destruir o poder; do cano do fuzil nasce a ordem mais eficiente, resultando na mais perfeita e instantânea obediência. O que nunca pode nascer daí é o poder (idem, p. 130).

Sugere que o terror não é o mesmo que violência: é, antes, a forma de governo que passa a existir quando a violência, tendo destruído todo poder, não abdica, mas, ao contrário, permanece com controle total. A eficiência do terror aconteceria quando há um grau elevado de atomização social: deixamos de conseguir agir de comum acordo (ter relações de poder). Qualquer relação que se estabeleça com o que vemos nos territórios dominados por traficantes não é mera coincidência.

Resumindo: em termos de política, não basta dizer que violência e poder não são a mesma coisa. Poder e violência se opõem; onde um deles domina totalmente o outro está ausente. A violência aparece onde o poder está em perigo, mas se a permitem seguir seus próprios caminhos, resulta no desaparecimento do poder. Isto implica em não ser correto pensar no oposto da violência como sendo a não violência; falar em poder não violento é uma redundância. A violência pode destruir o poder, mas é totalmente incapaz de criá-lo (idem, p. 132).

Essa discussão é central para que possamos "entrar na escola", a fim de debater suas violências. Pensar nas relações de poder externas que contornam a instituição, ver como são traduzidas na cotidiano escolar é pressuposto para que possamos dar conta da tarefa de educar.

3. A VIOLÊNCIA NAS/DAS ESCOLAS: A ESCOLA É O CÉU OU É O INFERNO?

A escola entra neste debate contemporâneo sobre a violência, ora como vítima da violência externa, ora como algoz, quando vista como uma instituição com sua cota própria de violência.

Aparentemente, nesta última possibilidade seria um dos espaços onde há violência — sendo que esta acontece de forma naturalizada ou invisível. Há estudos e pesquisas que discriminam essas violências: seria um local de silenciamento cultural, de "colonização", de "apagamento do outro". Skliar (2002) define da seguinte forma essa pedagogia do outro: *la pedagogía del otro que debe ser borrado es la pedagogía de siempre; una pedagogía que niega dos veces y que lo hace de una forma contradictoria: niega que el otro haya existido como el otro y niega el tiempo en que aquello — la propia negación 'colonial' del otro — pueda haber ocurrido* (*op. cit.* p. 118).

A escola é estudada, também, como o lugar da reprodução das desigualdades sociais, das desigualdades de gênero e raça, da produção da pobreza e da exclusão. Teria, assim, sua cota de violências socioeconômicas.

Há, também, estudos que apontam que se educação implica sempre algum grau de "colonização", pois a escola é uma instituição fundamental na história da "ofensiva civilizadora" da modernidade, é também o lugar da superação das desigualdades sociais, da construção da democracia e dos direitos humanos.

Afinal de contas, para que serve a escola? História

A educação, materializada na escola, tem uma história. Nessa história, percebemos claramente o lugar que a instituição ocupa em nossa sociedade e a disputa pelo sentido desse lugar tão central e importante. A disputa pelo sentido da educação e pelo significado do papel central que a escola ocupa pode ser resumida do seguinte modo: a escola é, por momentos, vista como a instituição que construirá a democracia, potencializará os talentos existentes. A escola é promotora de justiça.

Comenta Antônio Cândido (s/d, p. 142) a respeito dessa idéia da "bondade original" da escola, que permaneceu praticamente intocada até 1968:

A partir do século XVIII as ideologias do progresso forjaram a imagem de um homem perfectível ao infinito graças à faculdade redentora do saber. Era como se a mancha do pecado original pudesse ser lavada e o paraíso, em vez de ter existido no passado, passasse a ser uma certeza gloriosa do futuro. O século XIX se embalou na ilusão de que quando a instrução fosse geral acabariam os "males da sociedade" — como se ela pudesse substituir as reformas essenciais na estrutura econômica e social, que, estas sim, são requisitos para se tentar a melhoria da sociedade e, portanto, dos homens.

Porém, a escola também é vista como instituição que reproduz as desigualdades sociais. Passa-se, portanto, principalmente a partir dos anos de 1960, da visão da escola como a máquina para a construção da democracia, veículo de uma democracia com base no mérito, para a visão da escola como máquina infernal a serviço do *status quo*, simples mecanismo de reprodução da divisão do trabalho. Aparentemente, o lugar e o sentido da educação seriam: *Educá-los, mas não demasiadamente, o bastante para que aprendessem a respeitar a ordem social, mas não tanto que pudessem questioná-la. O suficiente para que conhecessem a justificação de seu lugar nesta vida, mas não ao ponto de despertar neles expectativas que lhes fizessem desejar o que não estavam chamados a desfrutar* (Enguita, 1989, p. 112).

A educação é definida como colonização, domesticação. Essas constatações marcam o fim do otimismo pedagógico.

Durkheim coloca as bases para pensarmos sobre a educação e o papel da escola na sociedade. Essa é uma instituição social básica, com papel fundamental na reprodução da homogeneidade (a garantia de uma base ideológica comum) e da heterogeneidade (a garantia de que as forças que alimentarão as diferenças criadas pela divisão do trabalho serão recriadas). Sua relação com a sociedade é a de perpetuar as formas sociais vigentes em cada época; sua relação com as formas dominantes do trabalho é direta: preparar (no caso da nossa modernidade) para a divisão do trabalho, para a especialização requerida pela produção industrial.

A educação é, acima de tudo, o meio pelo qual a sociedade renova perpetuamente as condições de sua própria existência (Durkheim, 1972, p. 82).

As escolas recebem os "homens médios" (crianças médias), os homens que a "natureza" faz, e os transformam nos homens que a sociedade requer. Daí o caráter plenamente social e histórico da educação, a explicação de suas inúmeras variações nos diferentes sistemas sociais existentes, de suas transformações históricas.

O homem médio é eminentemente plástico; pode ser usado com igual proveito, em funções muito diversas (...) pois a sociedade, para manter-se, carece da divisão do trabalho entre seus membros, e então, eis por que já prepara, com suas próprias mãos, por meio da educação, os trabalhadores especiais de que necessita (idem).

Está enunciada, com clareza exemplar, a função da educação na reprodução da divisão social do trabalho.

Daí surge o "duplo aspecto" da educação, como sendo "múltipla" (refletindo a divisão do trabalho e fonte, portanto, de heterogeneidade) e "una" (com uma base comum que independe da categoria social).

Essa base única consistiria na transmissão do *conjunto de idéias sobre a natureza humana, sobre a importância respectiva de nossas faculdades, sobre o direito e o dever, a sociedade, o indivíduo, o progresso, a ciência, a arte* (idem, p. 40).

Seria, portanto, tudo aquilo que foi anteriormente descrito nas páginas que se passaram, o que, com o auxílio da psicologia (determinado, porém, com o auxílio da sociologia e da história), introduziria nesses homens (crianças) eminentemente plásticos, pela força da persuasão, o espírito da disciplina, da abnegação e da autonomia, para a perpetuação da sociedade.

Qualquer educação, a do rico e a do pobre, a que conduz às carreiras liberais, como a que prepara para as funções industriais, tem por objeto fixar essas idéias na consciência dos educandos (idem, p. 40).

São as "similitudes essenciais" (idem, p. 41), reclamadas pela vida coletiva, que permitem a existência e a permanência de uma sociedade. O papel da escola: perpetuá-las e reforçá-las.

Por outro lado, como esta mesma sociedade requer a heterogeneidade, em virtude da força da divisão do trabalho, *a educação assegura a persistência dessa diversidade necessária, diferenciando-se ela própria, e permitindo especializações* (idem).

Isso, na sociedade não "anormal", aconteceria sem violência ou "guerra de classes", posto que essa diversidade apenas refletiria aptidões naturais: ( ) *temos, segundo nossas aptidões, diferentes funções a preencher, e será preciso que nos coloquemos em harmonia com o trabalho que nos incumbe* (idem, p. 34).

A cada um o seu lugar, de acordo com sua capacidade natural.

Mas a escola é apenas isto? A construção da educação como um direito humano

Convém recordar que as escolas de hoje não são o resultado de uma evolução não conflitiva e baseada em consensos generalizados, mas o produto provisório de uma longa cadeia de conflitos ideológicos, organizativos e, em um sentido amplo, sociais (Apple, 1989, p. 181).

Nunca é demais lembrar que, nas escolas, atuam pessoas concretas — professores, alunos, funcionários, pais —, pessoas jamais passivas, que lutam por um futuro e uma vida melhores, individual e coletivamente.

Apoiamos, portanto, a seguinte colocação de Apple: *(...) as escolas não são meramente instituições de reprodução* (idem, p. 31). Apple coloca essa questão quando faz sua crítica às teorias da reprodução, pois essas negligenciariam o fato de que *as relações sociais capitalistas são inerentemente contraditórias* (idem) e as escolas, ao reproduzirem essas relações, também reproduzem essas profundas contradições.

Ou, como diria Herbert Gintis: *A luta de classes no capitalismo avançado do século XX tem sido efetuada usando os instrumentos do discurso do liberalismo — o discurso dos direitos naturais. Esses instrumentos, embora tomados da burguesia, têm sido transformados, no curso da luta, em armas políticas eficazes e potencialmente revolucionárias. Essa transformação tem se dado predominantemente através da expansão da esfera na qual os direitos da pessoa devem ser aplicados e da restrição da esfera na qual os direitos de propriedade devem valer. Como conseqüência, podemos dizer que o discurso liberal, longe de ser "burguês", é, ele próprio, o produto da luta de classes*[11].

Esse discurso poderia ser comparado (contrastado, complementado) com o quadro traçado por Foucault, dentro do que esse autor chama de "biopoder" (Foucault, 1985) centrado na vida, na gestão da vida dos homens, nova forma do poder que trará à cena novas palavras: direito à felicidade, desejo de vida plena.

Palavras novas no discurso político, abrindo caminho para novos alvos, novas lutas: *E contra esse poder ainda novo no século XIX, as forças que resistem se apoiaram exatamente naquilo sobre que ele investe — isto é, na vida e no homem enquanto ser vivo. Desde o século passado, as grandes lutas que põem em questão o sistema geral de poder já não se fazem em nome de um retorno aos antigos direitos (...) o que é reivindicado e serve de*

[11] GINTIS, Herbert, "Communication and Politics: Marxism and the 'Problem' of Liberal Democracy". In: *Socialist Review X* (mar./jun. 1980), p. 191 (ver mais dados na Bibliografia).

objetivo é a vida, entendida como as necessidades fundamentais, a essência concreta do homem, a realização de suas virtualidades, a plenitude do possível. Pouco importa que se trate ou não de utopia; temos aí um processo bem real de luta; a vida como objeto político foi de algum modo tomada ao pé da letra e voltada contra o sistema que tentava controlá-la. Foi a vida, muito mais do que o direito, que se tornou o objeto das lutas políticas, ainda que essas últimas se formulem através de afirmações de direito. O "direito" à vida, ao corpo, à saúde, à felicidade, à satisfação das necessidades, o "direito", acima de todas as opressões ou "alienações", de encontrar o que se é e tudo o que se pode ser, esse "direito" tão incompreensível para o sistema jurídico clássico, foi a réplica política a todos esses novos procedimentos de poder que, por sua vez, também não fazem parte do direito tradicional da soberania (Foucault, 1985, p. 136).

Reivindica-se a educação como um direito. A educação é um dos direitos humanos apontados na Declaração Universal dos Direitos Humanos. Não é apenas um "meio" para a realização de outros direitos. É um direito em si, básico para a concretização de uma outra série de direitos. Um dos centros de luta na contemporaneidade é o de sua universalização. A escola, instituição de portas estreitas, foi tendo suas portas ampliadas:

mulheres, filhos e filhas de operários e camponeses, de todas as religiões, etnias.

Começamos a falar não mais em "educação para os direitos humanos", e sim em "educação em direitos humanos". Não se trata de ensinar um conteúdo que será usado em algum futuro provável, mas sim de fazer com que as atitudes cotidianas reflitam a prática do respeito aos direitos humanos.

A educação, materializada na escola, é um dos direitos humanos fundamentais para a realização de uma série de outros direitos humanos. Quem, senão a prática educativa nas escolas, pode realizar de maneira intensa o direito humano que nos diz que toda pessoa tem o direito de participar livremente da vida cultural da comunidade, de fruir as artes e de fazer parte do progresso científico e de seus benefícios? Este é o objetivo central da escola: possibilitar o acesso aos bens científicos e culturais produzidos pela humanidade. Igualmente, é nessas práticas que conquistamos o exercício da liberdade de expressão, do acesso à informação que possibilite o usufruto dos direitos civis e políticos, dos direitos sociais e econômicos. Lembrando, sempre, que cada um desses direitos implica seu dever correlato, posto que o direito é necessariamente universal.

A educação na sociedade da insegurança

Se um papel fundamental da educação escolar foi o de preparar homens e mulheres necessários para a reprodução da sociedade, se vimos a disputa e a ampliação desse sentido entendendo a educação como um direito humano em si e base para a realização de tantos outros, como fica a educação quando a rapidez da mudança é enorme; somos dominados pela instantaneidade, pelo tempo presente; quando não sabemos quais são as profissões, os tipos de trabalho, como será o emprego nesta sociedade, se haverá emprego, e o futuro dos direitos parece tão incerto?

Há escolas que, por não terem mais a centralidade do ensinar e aprender, por não assumirem a realização do direito humano à educação (condição para a concretização de outros direitos humanos), parecem prisões. E, nas prisões, há rebeliões. Situações freqüentes e "normais" nas escolas até certo tempo hoje ganham uma dimensão enorme. Clama-se por Polícia, pela mediação da autoridade do Ministério Público, do Judiciário. Parece que os conflitos não podem mais ser tratados pedagogicamente. Criminalizam-se condutas que antes eram indiferentes à Grande Lei e eram tratadas com a mediação da autoridade escolar. São escolas que respondem, desta forma, às contradições e aos desafios da educação numa sociedade da insegurança, com sua "sobrecarga de segurança" diante dos "medos à solta". Há outras que lidam de maneira diversa com a educação nesta mesma sociedade, que refletem as contradições existentes de um outro modo: são escolas que bloqueiam o medo, incentivam a participação, abrem-se às vizinhanças, descriminalizam condutas e acolhem.

Promessas

Expansão do ensino público sob condições precárias, expressas na ausência de investimentos maciços na rede de escolas e na formação dos docentes, soma-se à ausência de projetos educativos capazes de absorver essa nova realidade escolar. A crise econômica e as alterações no mundo do trabalho incidem diretamente sobre as atribuições que articulavam os projetos populares de acesso ao sistema escolar. A escola, sobretudo para a geração atual, desejosa de ter acesso aos padrões de consumo de massas, não aparece como canal seguro de mobilidade social ascendente para os mais pobres. Assim, uma profunda crise da eficácia socializadora da educação escolar ocorre nesse processo de mutação da sociedade brasileira, que oferece caminhos desiguais para a conquista de direitos no interior da experiência democrática (Sposito, 2001, p. 99).

É possível pensar na situação das escolas hoje no contexto mais geral da "quebra de promessas", quebra da promessa institucional que nos dizia que se o menino (a menina), o jovem (a jovem), aceitasse jogar as regras do jogo, encontraria um lugar ao sol, emprego, uma vida digna. Conseguiria melhorar sua condição social, sua posição de classe. Quebraria as barreiras da pobreza.

Sustentamos que é a quebra da promessa — ocorrida nas últimas décadas pelo predomínio do capital financeiro, com a conseqüente crise do trabalho assalariado — que permeia o profundo questionamento e esvaziamento de sentido da instituição. Para que servirá a escola? O que se faz na escola?

Depoimento: Desemprego, autoria de Ana Paula [12]

Ninguém sabe qual é a nossa capacidade
Ninguém tenta nos entender
Pois nosso futuro não tem mais segurança

[12] *Relatório de Cidadania. Os jovens e os direitos humanos* (ver mais dados na Bibliografia). O verso termina dizendo: então, como podemos estudar, se não temos escolas/ como podemos ter uma profissão/ se nossos pais não podem pagar/ vocês acham que nós não somos capacitados de oportunidade/ pois poderão falar, depois que passarem a conhecer os jovens do nosso/ Brasil. Parabéns, Ana Paula!

Desemprego é o nosso nome
Segurança é a nossa piada
Vida é o nosso brinquedo
Verdade é a nossa mentira

Agora explica quem é que nos faz assim
Pessoas capacitadas que não são atendidas como pessoas

Nós somos jovens! E daí?
Do mesmo jeito todos foram jovens
E tiveram sua primeira chance
Agora qual de nós vai chegar nas alturas
Se nunca saímos do buraco

Como vamos escalar um penhasco
Se não temos equipamentos
Então eu digo
Como podemos andar de carro se não saímos da carroça
Como podemos ter segurança, se não temos emprego
Como podemos ter uma vida, se não conhecemos
o mundo
Como podemos ser adultos se não saímos da adolescência

Dependendo das formas múltiplas e profundamente originais encontradas pelas escolas para lidar com essa nova situação, a violência "entra", toma conta do ambiente escolar.

Violência na/da escola: algumas observações

Mas será que a violência tomou conta da escola?

Há estudos que indicam que a escola ainda é um lugar protegido, tendo em vista a dimensão da violência social. É o local onde todos estão: conseguimos nestes últimos anos, pela primeira vez em nossa história, que todas as crianças sejam acolhidas no ensino fundamental. É o primeiro "direito" social que, no Brasil, tem seu acesso universalizado. Esse é o pontapé inicial para a realização do direito à educação. O acesso universal ao direito é o início do processo de sua realização plena.

Outra ressalva a ser feita é que não existe a possibilidade de pensarmos na escola como uma instituição homogênea, com uma única possibilidade de expressão e inserção local. Há muitos tipos e possibilidades de ser escola, hoje, que se refletem em sua arquitetura, seu projeto político-pedagógico, na relação entre os integrantes da instituição no cotidiano escolar. Há escolas democráticas e há as que parecem prisões, tanto particulares como públicas. Há escolas públicas com conteúdo excelente e particulares, com péssima atuação.

O que podemos dizer, inicialmente, é que há um debate sobre o tema que reflete a própria construção do objeto. O que é violência em cada época, em cada sociedade? Quem definirá esse termo e lhe dará conteúdo? Qual é o lugar que a escola — a educação — ocupa nos dias atuais, na sociedade da insegurança? Quais são as violências que estão nas escolas? Quem são as vítimas e os algozes nessas relações violentas?

Duas pesquisas sobre o tema[13]

Apresentaremos a seguir algumas reflexões a partir da análise de duas pesquisas realizadas recentemente, que tentam *mapear as modalidades e magnitude da violência que efetivamente existe nas escolas* (Ilanud, 1999, p. 7).

Uma delas foi desenvolvida em São Paulo pelo Instituto Latino-americano das Nações Unidas para a Prevenção do Delito e Tratamento do Delinqüente (Ilanud), em parceria com o Instituto Sou da Paz e a Secretaria Estadual de Educação e coordenada por Túlio Kahn, em sete escolas (públicas e particulares). Verifica-se que pequenos furtos, ameaças, rixas entre grupos, atos de vandalismo, assédio

[13] Esse item foi escrito com a colaboração de Ana Paula Caloni de Menezes, que desenvolve um trabalho de Iniciação Científica (Feusp/Fafe) sobre as políticas públicas de prevenção à violência escolar.

sexual e uma série de pequenos atos de incivilidade são cometidos, e com freqüência, nas escolas pesquisadas. Na maior parte das vezes, *a escola ignora esses casos uma vez que não existe nenhum mecanismo institucional para reclamar* (Ilanud, p. 28). O perfil dos vitimados é o seguinte: *(...) se por um lado as agressões físicas e os danos propositais afligem mais os homens, principalmente os mais velhos, os furtos de objetos de pequeno valor incidem mais sobre as mulheres e os estudantes mais novos* (Ilanud, p. 28).

A pesquisa chama a atenção para o fato de que o sentimento de vitimização articula tanto os fatos ocorridos no ambiente escolar, como aqueles derivados da sensação de insegurança do ambiente externo em que vivem os estudantes. Há canais constantes de comunicação entre o "dentro" e o "fora", por mais que a escola se feche.

O primeiro dado que se destaca é que não existe um quadro generalizado de violência nas escolas. Há sim uma variedade de casos de pequenas transgressões, mais elevada nas escolas particulares. Haveria uma associação entre a transgressão dos estudantes e a freqüência com que usam cigarro, álcool e maconha. Quanto ao porte de armas (de fogo, brancas etc.) diz a pesquisa: *(...) são os meninos que levam e exibem armas na escola e o comportamento é mais comum quanto maior for a idade e a série* (Ilanud, p. 38). É sugerida uma série de medidas que aumentem a articulação da escola com a comunidade local, pois percebe-se a relação entre a violência externa e suas expressões no ambiente interno escolar.

Outra pesquisa sobre o tema é desenvolvida pela Unesco, em parceria com órgãos governamentais e não-governamentais em catorze capitais brasileiras. Discute os fatores exógenos e endógenos da violência no ambiente escolar, a localização da escola, o estado do equipamento, a qualidade dos serviços oferecidos, pois *o espaço externo à escola é claramente definido como muito mais ameaçador pelos pesquisados* (Unesco, p. 102). Essa observação coincide com a da pesquisa anteriormente descrita: como poderia a escola ser impermeável ao ambiente em que está?

Na análise do ambiente escolar, chama a atenção para o sistema de punições e regras, para a dificuldade relatada pelos jovens de convívio com seus pares e para o significado que dão à qualidade e ao desempenho escolar vinculados com a temática da exclusão e discriminação social.

O conceito de violência foi construído a partir dos informantes e fez-se a seguinte categorização: violências contra as pessoas (ameaças, brigas, violência sexual, uso de armas); violências contra a propriedade (furtos, roubos); e violência contra o patrimônio (vandalismo e depredação). A pesquisa da Unesco conclui que: *(...) as violências nas escolas não se resumem a uma série de dados objetivos, mas a experiências vivenciadas de formas múltiplas e distintas por aqueles que a sofrem* (Unesco, p. 342). As recomendações para políticas e estratégias partem do pressuposto de que o *combate às violências nas escolas deve aparecer como parte de uma agenda pública de sedimentação da democracia e não como um problema dos jovens ou da escola, o que pede um investimento continuado por parte de muitas agências* (Unesco, p. 324).

São pesquisas que permitem que comecemos a compreender algumas relações entre a sociedade da insegurança e sua repercussão e tradução no ambiente escolar, bem como as medidas internas e externas que podem auxiliar a reverter esta dinâmica.

Pesquisas acadêmicas sobre o tema

Usaremos como base para essa reflexão o artigo de Marília Sposito (2001), "Um breve balanço da pesquisa sobre violência escolar no Brasil". A autora nos adverte para o fato de que o tema aparentemente ainda chama pouca atenção nos meios acadêmicos em contraposição à sua espetacularização pela mídia.

As primeiras pesquisas aparecem nos anos de 1980: *(...) é no quadro de uma ampla demanda de segurança por parte dos moradores das periferias dos centros urbanos que o fenômeno da violência nos estabelecimentos escolares torna-se visível e passa a acompanhar a rotina do sistema de ensino público no Brasil, desde o início dos anos 80* (Sposito, 2001, p. 90).

As ações violentas identificadas são as depredações, os furtos e as invasões aos prédios escolares. Há uma violência contra a escola, que, aparentemente, não é vista como um bem comum, como um bem público a ser preservado. É interessante notar que não há registros de depredações contra postos ou serviços de saúde pública nas mesmas comunidades em que escolas são depredadas. A interpretação oferecida a esta diferença é que essas ações são cometidas por ex-alunos excluídos do processo educacional pela escola. A escola criada nas comunidades periféricas urbanas no final da ditadura militar seriam escolas excludentes. Essas ações violentas que foram analisadas poderiam ser pensadas como respostas à violência do ambiente escolar, pois presente em escolas rígidas ou desorganizadas.

O poder público e os dirigentes das escolas respondem a essas ações violentas, geralmente, com o incremento da segurança física dos locais, seu cercamento com muros e grades, e a criação de sistemas de vigilância. Começamos a ver nas cidades escolas hostis e hostilizadas, que dialogam com a arquitetura urbana dominante — com suas guaritas, cercas eletrificadas, muros enormes. A partir dos anos de 1980, convivemos com a cidade murada.

Há, também, ações que tentam enfatizar a permanência dos alunos, combater a evasão–expulsão escolar. Existem experiências precursoras de escolas que tiveram uma gestão democrática e aberta que mostraram a reversão do quadro de depredação e ataque ao prédio escolar. São tentativas e respostas diferentes, que apontam para os caminhos de construção de políticas públicas para lidar com a violência no ambiente escolar.

Retomando o levantamento realizado por Sposito, nos anos de 1990, há uma série de estudos sobre jovens e a violência mais geral. Essas pesquisas são provocadas pelos dados (já mencionados anteriormente) da presença de jovens nos casos de homicídio, pela visibilidade crescente das gangues juvenis e pelo crescimento do crime organizado em torno do tráfico de drogas.

Registram-se três tipos de situação: a manutenção das depredações, furtos ou roubos do patrimônio da escola; o incremento das agressões físicas entre os alunos; e casos de agressões de alunos contra professores. *Embora os resultados sejam bastante fragmentários, é possível considerar que os anos 1990 apontam mudanças no padrão da violência observada nas escolas públicas, atin-*

gindo não só os atos de vandalismo, que continuam a ocorrer, mas as práticas de agressões interpessoais, sobretudo entre o público estudantil. Dentre estas últimas, as agressões verbais e ameaças são as mais freqüentes (Sposito, 2001, p. 94). São as brigas, que sempre existiram, mas que agora chamam mais profundamente a atenção dos educadores. Relacionam-se, por vezes, com a existência de gangues e tribos, grupos de jovens que se unem em torno de "estilos" (*clubbers*, *punks*, *rappers*, torcidas esportivas etc.). Podemos problematizar se há realmente "incremento", aumento das ocorrências, ou se nosso olhar está mais sensível — amedrontado. Essa problematização é pertinente para outras notícias sobre índices de criminalidade. Existem situações em que não é possível afirmar que há ou houve aumento do número de crimes ou se o que ocorreu foi um aumento do número de notificações. Essa pergunta é especialmente válida para crimes como furtos e roubos. É notória a existência de uma subnotificação, inclusive por desconfiança da população em relação à polícia, ou à percepção da inutilidade (perda de tempo) em fazer um boletim de ocorrência, dada a ausência de experiências de que possa ocorrer a reparação do dano sofrido.

Cabe mencionar que as pesquisas centralizaram sua atenção nas escolas públicas. Porém, acompanhando o noticiário da década, há registros de brigas, agressões contra professores e depredações no ambiente escolar de forma intensa nas escolas particulares.

As pesquisas sobre vitimização em ambiente escolar — mesmo quando centralizando sua preocupação nas escolas públicas — mostram que as unidades de ensino não vivem uma situação de violência generalizada. As teses e dissertações procuram analisar a relação entre a violência que ocorre nos bairros e a vida escolar. Tentam alcançar uma compreensão das relações entre a violência e a escola, apontando para a influência do aumento da criminalidade e da insegurança geral sobre os alunos com a conseqüente deterioração do clima escolar: *(...) a violência observada na escola retraduz parte do ambiente externo em que as unidades operam, particularmente em localidades dominadas pelo crime organizado* (Sposito, 2001, p. 96). Essa última observação segue a mesma linha de raciocínio das pesquisas quantitativas anteriormente descritas.

Essa é uma constatação comum aos estudos realizados sobre a violência nas escolas. Há uma influência de fatores externos que encontram tradução em situações do cotidiano escolar. Chamamos a atenção para a multidimensionalidade do conceito de violência anteriormente exposto: não se trata apenas da presença da violência do crime organizado, mas também da violência social, da violência econômica, da vida nas periferias urbanas em uma sociedade que convive com a quebra das garantias, com a incerteza e a insegurança.

As violências que estão na escola da sociedade da insegurança

Há outras vozes que podem nos ajudar a traçar um quadro das violências nas escolas, o qual permite recuperar a multidimensionalidade do conceito. Uma pesquisa realizada por jovens da Vila Progresso participantes do trabalho do Centro Social Marista[14] mostra o que é, para eles, a violência. A partir dessa pesquisa realizada por jovens participantes de um projeto social é possível, agrupando os dados, perceber quais são as violências que estão na escola.

A violência da discriminação está na escola

É mencionada, em primeiro lugar, em sua lista sobre as violências, a discriminação que acontece nas escolas e faculdades. Não é possível considerar essa indicação —

[14] Centro Social Marista, Rua Chá dos Jesuítas, 559, Vila Progresso, São Paulo. www.nas.marista.org.br/cesomar_sp.cfm

encabeçando a lista das violências — arbitrária, aleatória ou fruto do acaso.

Essa é uma violência central, que aparece não apenas na fala dos jovens moradores de bairros periféricos, como também na dos professores. É a violência vivida por todos no cotidiano. Os professores se queixam da discriminação salarial, da ausência de reconhecimento social. Os estudantes se queixam por serem discriminados pelos professores. Uns e outros sofrem com a discriminação que nega o projeto, impede o acesso a um futuro sonhado.

Para os alunos, é a violência que acontece estruturalmente nas instituições, em seu exercício de excluir, de criar aqueles que fracassarão, que serão "despejados". "Ele é pobre mesmo, não precisa de estudo." "É favelado, não tem família... não tem futuro." Essas são condenações precoces que a escola faz. A discriminação acontece com aqueles que moram em determinados lugares, que têm determinado tipo físico, que exercem (ou pertencem a famílias) determinadas profissões, que vêm de determinada região do País.

O primeiro ponto levantado é, portanto, a violência do preconceito, a violência da discriminação, que afeta o pobre, o negro. Este é um dos direitos humanos mais violados. E as leis refletem a existência dessa violação quando determinam que o racismo é crime, muito recentemente, no Brasil, país de escravidão.

É interessante que os jovens falam da discriminação nas escolas como sendo não apenas racial, mas também física. É a discriminação por aspecto físico que é vista como uma violência. Hoje, vemos como as pessoas são discriminadas por não estarem conforme um modelo (quase sempre impossível) de beleza, "boa aparência": louras, bem vestidas, com a roupa de marca... As pessoas são discriminadas por estarem gordas!!! Novamente, em sua pesquisa, a discriminação reaparece quando os jovens comentam o fato de que as mulheres têm menor salário por um mesmo serviço, quando falam do preconceito contra os homossexuais, quando falam da discriminação contra os idosos.

"O que é ser um cara da hora"?

P- Como é ser um cara da hora, ser uma garota da hora e não ser um cara da hora, uma garota da hora?

R- Por exemplo, um cara bem vistoso, bem bonito, esse na opinião de muitos é um cara da hora, é um cara que tem uma beleza superior. Agora, tem aqueles que nem eu, feinho, né, aí os cara fala assim, ah, você não presta pra ir lá na frente, tem que ser um cara de ôio verde, um cara de cabelo liso, um cara branquinho da hora, um moreninho da hora, uma menina com o corpo bem, não pode ser gorda lá porque não pode fazer propaganda de maiô, uma gorda, tem que ser uma cinturinha de sereia, não sei quê...

Maria Inês Ferreira, *Homicídios na periferia de Santo Amaro.*

Novamente, não são apenas os alunos os que se queixam da discriminação: os professores também se queixam desta violência. Aparentemente, seriam "professores" aqueles que não deram certo, aqueles que não tinham outra escolha. Quantos professores não ouviram de seus alunos: "Professora, além de dar aula a senhora também trabalha?". Aparentemente, ao mesmo tempo em que os professores carregam em seus ombros a responsabilidade pela educação das novas gerações, o futuro da nação, formam uma categoria desprestigiada. Ambigüidades e contradições cercam o imaginário sobre a profissão. O aluno repercute estas ambigüidades e contradições: Qual é o lugar daquele professor? Ele é uma "autoridade"? Em quê? Há provocações, há agressões. O professor, então, torna-se vítima. Temos aí um caso exemplar dos perigos que cercam a instituição, quando esta se torna uma "instituição de vítimas": cria-se um círculo vicioso de vitimização e agressão mútuas que termina impossibilitando a resolução pacífica dos conflitos.

A desistência em ensinar e aprender

Os jovens também apontam que é violência "passar de ano sem aprender". É preciso analisar por que acontece esta desistência do professor em ensinar e a desistência do jovem em aprender. Essa situação "não" é uma conseqüência da "aprovação automática", ou melhor, "progressão automática", que foi pensada como uma maneira, talvez ingênua, de reter mais tempo o aluno na escola, de permitir que aprendesse. Porém, o que é uma escola que não cumpre com seu objetivo central, ou seja, ensinar–aprender? Novamente, o lugar da escola aparece cercado de ambigüidades. Há propagandas de projetos públicos que apresentam a escola como: refeitório (a escola garante a comida que os alunos não recebem em casa, pois seus pais não encontram trabalho digno e não têm renda e, não havendo programas de geração de emprego e renda, resta à escola alimentar os filhos dos trabalhadores potenciais desempregados), clube recreativo (as crianças e os jovens vão para a escola para se divertir, praticar esporte e, assim, não ficar nas ruas onde poderão estar sujeitos às tentações do tráfico de drogas). Dificilmente, veremos a escola como o que é: um direito humano que realiza um direito humano essencial, o do acesso irrestrito ao patrimônio cultural, científico, tecnológico acumulado pela humanidade. O trabalho com o conhecimento é o "núcleo duro" da escola e parece estar fracamente apontado nesta sociedade da insegurança. Tal situação relaciona-se com as transformações contemporâneas, do mundo do trabalho e do emprego, que esvaziam o papel tradicional da escola — de preparação para este mundo. Quais serão as novas promessas da escola?

Depoimento

O direito à igualdade está difícil de ser exercido. Nossa educação é lamentável e o direito de toda criança estar na escola não é atendido. Talvez não faça muita diferença ela ir ou não à escola já que pelo que vemos aqui na comunidade, elas só vão para comer e nada mais.

Vários, *Relatório de cidadania. Os jovens e os direitos humanos*, 2001, p. 81.

A violência da indiferença está na escola

Outro exemplo de violência aparece sob a denominação de "indiferença". Essa indiferença é a que cerca a vivência dos alunos.

Um desses relatos encontra-se em recente dissertação de mestrado defendida na Faculdade de Educação da USP (Feusp) por Eike Frehse. A autora relata uma atividade que desenvolve com dois alunos que estavam "bagunçando" e haviam sido retirados da sala de aula pela professora. Propõe uma redação sobre a *melhor coisa que aconteceu na minha vida.*

Um dos dois respondeu dizendo: "Eu já sei, vou escrever sobre o dia mais triste da minha vida", e começou a redigir. Em 15 minutos uma página e meia estavam tomadas por palavras, frases e parágrafos. (...) Lemos o texto em voz alta e fizemos as correções necessárias. A história versava em detalhes sobre o dia em que seu irmão fora baleado em frente à sua casa após voltar da escola e acabara morrendo nos braços do rapaz que agora escrevia a respeito do ocorrido. Concluída a tarefa, o aluno entregou o trabalho para a professora responsável. No entanto, aparentemente a redação não agradou. A docente comentou com as colegas na sala de aula: "Olha só que absurdo. O menino fica aí duas horas só para escrever apenas uma página e meia? Realmente estes alunos não fazem nada..." (FREHSE, 2001, p. 103). Não seria possível pensar nesse jovem, vítima indireta da violência fatal, sendo novamente vitimizado? Novamente, a "indiferença" retratada reflete a indiferença mais geral — a social. Reflete a banalização da violência cotidiana, da violência fatal. Reflete também a dificuldade que cerca a violência, o silenciamento que provoca, a quebra dos discursos arrumados e prontos que usávamos.

A violência doméstica está na escola

Os jovens pesquisadores do Centro Social Marista (Cesomar) relatam casos de violência doméstica em todas as suas modalidades. Falam da dura realidade de que a família não é, muitas vezes, este "lugar" protetor e acolhedor que a novela, o filme, o livro didático retratam. Muitas vezes é um lugar muito perigoso. São violências graves, pois modelam as pessoas. Podem ser fatais. Ambíguas, visto que ainda muita gente acha que "em briga de marido e mulher ninguém mete a colher", que o poder paterno deve ser respeitado a todo custo, refletindo modelos de família antigos, com base no poder e na força, questionados, hoje, por leis que atualmente impedem os abusos e exigem uma intervenção.

Tratar a violência que ocorre nas famílias é uma das formas de prevenir a violência fatal, inclusive a criminal. Os jovens falam da violência sexual, do espancamento, das brigas. Violência, portanto, que acontece contra a mulher, a criança, o adolescente, o idoso, o portador de deficiência, o doente mental, aquele(a) com orientação sexual diversa. É uma dimensão da violência ligada ao alcoolismo, ao desemprego e, acrescento, a uma estrutura familiar que joga todo o seu peso no papel masculino. Que discrimina e inferioriza a mulher. Que provoca vitimização direta e indireta e que, muitas vezes, repercute na atividade escolar da criança ou do jovem, sob a forma da indisciplina, do descaso, da dificuldade em aprender.

Depoimento

Violência domiciliar

Os casos de violência dentro de casa são ainda menos denunciados. Não foram muitas as mulheres que relataram sofrer violência doméstica, por mais que se saiba que é grande o número de vítimas na comunidade. Só foi possível ter uma melhor noção do problema quando realizou-se uma pesquisa com quarenta e duas moradoras dos três bairros. A maioria das mulheres, principalmente quando não conhecia as integrantes do grupo, se mostrou desconfortável ao responder perguntas deste tipo:

1) Você já sofreu violência?

Sim — 22

Não — 19

Não respondeu — 1

Mais da metade das entrevistadas reconheceram ter sofrido violência. (...) os agressores se dividem em dois grupos: os parceiros (maridos e namorados) respondem por 10 casos identificados e os familiares (pais, padrastos e irmãos) respondem por outros 10. (...) mais da metade das vítimas não tomou qualquer tipo de providência para tentar ao menos impedir que a violação continuasse acontecendo.

Vários, *Relatório de Cidadania. Os jovens e os direitos humanos*, 2001, p. 33.

A violência social está na escola

Há uma parte da violência que acontece na escola que é a face mais visível da violência socioeconômica: desemprego, má distribuição de renda, de terras. O que diz a Constituição da República e a Declaração dos Direitos Humanos? Que todos têm direito a um trabalho, a um padrão de vida digno. Convivemos no Brasil com a fome, a falta de moradia, o desemprego, a falta de serviços públicos de saúde e de lazer. Essa grande violência de base se articula com a violência da discriminação e do preconceito. A situação vivida no País, de concentração de renda e enorme desigualdade social, repercute no cotidiano escolar, nos alunos e nos professores. A angústia do desemprego reflete-se no ambiente familiar de todos e também na escola. Não há como separar o que se vive no mundo maior do que se vive na escola. Impacta o presente de alunos que vivem familiarmente a precariedade e a incerteza do mundo do trabalho e modela sua expectativa de futuro: haverá um lugar para ele/ela? O quanto a escola poderá (ou não) contribuir para que sua vida possa ser uma vida de superação da pobreza?

Depoimentos

Quando se está na média dos 18 anos, o emprego vai ficando mais solicitado, porque as responsabilidades já estão bem presentes em nossas vidas. Uma dessas responsabilidades é ajudar na renda da casa, ainda mais quando a família é grande. É uma pressão muito forte por não conseguir emprego, às vezes surgem discussões na família (Cleia).

Estar desempregado na adolescência é muito difícil pois é a fase em que sonhamos mais, pensando em ser responsáveis, independentes. Sempre que conversamos com pessoas da nossa idade, as angústias, os medos, esperanças e interesses são muito parecidos. Angústia porque precisamos trabalhar e não conseguimos, precisamos de dinheiro para ajudar em casa e não temos. Medo de nunca conseguir emprego e ter que acabar fazendo alguma coisa de que nunca fui a fim (Luciana).

Vários, *Relatório de cidadania. Os jovens e os direitos humanos*, 2001, p. 67.

A violência da criminalidade está na escola

As escolas que estão em territórios violentos muitas vezes sofrem com este clima. Sofrem com a violência da criminalidade, que implica desistência do futuro para muitos jovens e parece ser o único meio de acesso a bens, numa sociedade desigual, preconceituosa, de consumo, sem perspectivas, sem projeto. Por outro lado, é um negócio tão rentável para o sistema! Gera muitos lucros e empregos. Movimenta bancos, imobiliárias, vendas de carros, motos (sonhos de consumo). São crimes que acontecem sob o imperativo do gozo "já". Mostrando como a rapidez e o imediatismo se impõem como valores. Mostrando, claramente, a semelhança dos crimes de ricos e pobres. São os crimes do conformismo. Todos estes jovens acreditaram nos valores da mídia, do "ter é poder". Já. Sem sonhos. Sem resistência.

4. AÇÕES POSSÍVEIS

Desemparedar a palavra — Gramática da não-violência

Os discursos, como os silêncios, nem são submetidos de uma vez por todas ao poder, nem são opostos a ele. É preciso admitir um jogo complexo e instável em que o discurso pode ser, ao mesmo tempo, instrumento e efeito de poder, e também obstáculo, escora, ponto de resistência e ponto de partida de uma estratégia oposta. O discurso veicula e produz poder; reforça-o, mas também o mina; expõe, debilita e permite barrá-lo (Foucault, 1985, p. 96).

Entre os discursos da violência como uma epidemia e o silêncio por ela provocado, há discursos inauditos e imprevistos, que apontam para uma compreensão ampliada das questões que nos preocupam.

Trata-se do esforço por ampliar o campo da palavra: *(...) quando o campo da palavra se amplia, não se trata mais da mesma palavra, dos mesmos significantes, da mesma lei. Os indivíduos não são falados pela organização (ou por seus guardiões), mas eles falam a organização e por isso a transformam* (Enriquez, 1974, p. 75).

Quando os indivíduos, portanto, conseguem falar sobre o acontecimento, criar um saber sobre ela além do saber perito que é proposto como sendo o único legítimo, saem do que Enriquez chama de "relação dual" (a relação de fascinação pelo nome de um) e entram na posição do "terceiro", do que restaura a alteridade, a diferença, o que mostra a falha e os limites. Mesmo sendo este questionamento parcial, fala emergente, ação ambígua, se este comporta uma dúvida sobre a regra do jogo, uma crítica à lógica interna deste jogo, coloca as instituições e os seus discursos em questão e abre a possibilidade da emergência de uma nova lógica. Enriquez vincula esta situação fortemente à possibilidade de novas falas, falas imprevistas de atores sociais até hoje excluídos da cena histórica. Não grandes falas. Falas surgidas no cotidiano do trabalho, no seio das instituições, a partir de problemas concretos da vida cotidiana, enquanto sujeitos no processo de produção e de consumo. "Tomar a palavra" seria o que permitiria descobrir ou inventar a relação entre o que tinha sido dividido e aparecia como impossível de relacionar, introduziria a diversidade dentro do que era apresentado como naturalmente uniforme. Isso porque a palavra, a lei, é, nas organizações e instituições marcadas pela heteronomia, privilégio do "um", portador da fala inaugural, da fala fundadora do mundo. "Tomar a palavra" significa criar um saber. Um saber sobre o outro e sobre si mesmo: falar a instituição e não ser mais falado por ela; falar sobre o trabalho, sobre as epidemias, sobre o tempo da vida, e não mais, apenas, ser "falado".

Esse seria o lugar da resistência, do início da construção da educação como um direito humano na sociedade da insegurança. Poder falar sobre o que nos acontece: professores, pais, alunos, funcionários, pessoas da vizinhança, líderes locais. O primeiro ponto, portanto, possível, é o de negar as separações, os muros, as cercas eletrificados, o temor excessivo do outro. Muitas escolas já fizeram convites, reuniram, imaginaram a educação loquaz.

Em busca do espaço público — Outros significados de segurança e da esperança

Esta loquacidade poderia nortear ações que revertem ou questionam os movimentos dominantes que descrevemos. São ações, assim como as palavras, também ampliadas: multidisciplinares, intersetoriais, multisecretariais.

Rompem com as antigas divisões e separações de poder. Não é fácil. É preciso Polícia, Justiça, moradia, trabalho, saúde, educação, meio ambiente, cultura, apoio às vítimas, tratamento dos agressores. Há intervenções que podem ser feitas a partir dos recursos próprios, dos recursos pessoais de cada um de nós. Há ações que só são possíveis a partir da construção de um coletivo, que exigem uma interlocução mais ampla.

O ponto de partida essencial é o trabalho de diagnóstico, detectando as várias dimensões da violência: a socioeconômica, a familiar, a institucional. Reconhecer que estas acontecem em vários lugares, com atores diversos. Que muitas delas se relacionam entre si, apóiam-se e provocam-se mutuamente. Com base nesse reconhecimento, é possível criar respostas que serão, necessariamente, diversas. O ponto de partida é esse exercício construído a partir de uma diversidade de interlocutores: professores, pais, alunos, equipe técnica, líderes comunitários. Dessa verificação inicial é que deverão sair as linhas de ação, as prioridades, as possibilidades de novas alianças e redes de apoio.

São redes que se constroem o tempo todo, que lutam contra a fragmentação, o isolamento, o medo. São redes de resistência, redes necessariamente democráticas, de proteção e realização de direitos. Que compreendem que os direitos humanos são indivisíveis, realizam-se mutuamente, e que o direito à segurança, a uma vida e a uma escola sem violência é uma construção que envolve muitos parceiros e responsabilidades de muitos setores.

Não é um caminho fácil. É cheio de contradições. O aprofundamento da crise econômica, que gera as redes de solidariedade, faz com que estas tenham grandes dificuldades de atuar, por falta de tempo, de dinheiro, de pessoas. Há que se contar, assim, com a dificuldade de participar. Além de não termos a cultura da participação, esta é dificultada pelas condições reinantes atualmente. A democracia dá trabalho. Dá mais trabalho ser livre e autônomo do que obedecer e ser heterônomo. Além disso, não sabemos como ser "democráticos", criar experiências democráticas e viver experiências de liberdade. Isto não nos foi ensinado e precisamos aprender coletivamente.

Temos a dificuldade em superar a fragmentação do nosso pensamento e da nossa ação. Essa fragmentação é histórica e constantemente construída e aparece em vários níveis. Se os problemas sociais são complexos, vê-se a inutilidade das respostas parciais e fragmentadas. Por exemplo, realizar o direito à moradia não é apenas "dar" casa: é ter renda para manter a casa funcionando, é criar mecanismos de participação na gestão do que é comum às casas, é lazer, é educação, é saúde, é segurança.

O grande desafio das redes é a compreensão desta complexidade das questões sociais e instrumentalizar sua ação, de modo a dar conta dessas complexidades, estabelecendo claramente por onde começar, qual será a prioridade. Quem sabe um bom começo na escola fosse desenvolver um trabalho de escuta? Perceber, na trama da indisciplina, o que acontece naquela família, naquela vizinhança, que repercute na escola? Quem sabe um bom começo fosse uma escola que não discriminasse? Quem poderia ser parceiro, aliado da escola para esta tarefa? Com quem contamos internamente e externamente?

Há muitas escolas na cidade de São Paulo que já trilharam esse caminho. São escolas que sabem a que vieram, que são respeitadas pela vizinhança, pelos pais, pelos alunos. São escolas que fazem a diferença na região em que atuam.

BIBLIOGRAFIA

ABRAMOVAY, Miriam & RUA, Maria das Graças. *Violência nas escolas*. Brasília, Unesco, 2001.

ANTELO, Estanislao (org.) *La escuela más allá del bien y del mal*. Buenos Aires, Amsafe, 2001.

APPLE, Michael. *Educação e poder*. Porto Alegre, Artes Médicas, 1989.

ARENDT, Hannah. *Crises da República*. São Paulo, Perspectiva, 1973.

______. *Totalitarismo, o paroxismo do poder — Uma análise dialética*. Rio de Janeiro, Documentário, 1979.

BAUMAN, Zygmunt. *Em busca da política*. Rio de Janeiro, Jorge Zahar, 2000.

______. *Modernidade e ambivalência*. Rio de Janeiro, Jorge Zahar, 1999a.

______. *Modernidade líquida*. Rio de Janeiro, Jorge Zahar, 2001.

______. *O mal-estar da pós-modernidade*. Rio de Janeiro, Jorge Zahar, 1999b.

BARTHÈS, R. *O prazer do texto*. São Paulo, Perspectiva, 1987.

BETTELHEIM, Bruno. *Sobrevivência*. Porto Alegre, Artes Médicas, 1989.

BOUTROS BOUTROS-Ghali. *Enfrentando nuevos retos*. Nova York, ONU, 1995.

BUORO, A.; SCHILLING, F.; SINGER, H.; SOARES, M. *Violência urbana: dilemas e desafios*. São Paulo, Atual, 1999.

CAMUS, Albert. *A peste*. Lisboa: Livros do Brasil, s/d.

CÂNDIDO, Antônio. "A culpa dos reis: mando e transgressão em Ricardo II". In: NOVAES, Adauto (org.) *Ética*. São Paulo, Cia. das Letras, 1994.

______. "Professor, escola e associações docentes". *Almanaque — Caderno de Literatura e Ensaio*, nº 11. São Paulo, Brasiliense, s/d.

CANETTI, E. *Massa e poder.* Brasília, UNB/Melhoramentos, 1983.

CARVALHO FRANCO, Maria Sylvia de. *Homens livres na ordem escravocrata.* 3 ed. São Paulo, Kairós. 1983.

CASTANHO E OLIVEIRA, I. M.; PAVEZ, G. A; SCHILLING, F. (orgs.) *Reflexões sobre justiça e violência.* São Paulo, Educ/Imprensa Oficial, 2002.

CHAUÍ, Marilena. "Senso comum e transparência". In: *O preconceito.* São Paulo, Secretaria da Justiça e Defesa da Cidadania/Imprensa Oficial, 1996/1997.

______. "Uma ideologia perversa". *Folha de S.Paulo*, 14 mar. 1999, Caderno Mais, 5-3.

DEBERBIEUX, Eric & BLAYA, C. *Violência nas escolas e políticas públicas.* Brasília, Unesco, 2002.

DURKHEIM, Émile. *Educação e sociologia.* São Paulo, Melhoramentos, 1972.

ELIAS, Norbert. *O processo civilizador — uma história dos costumes.* Rio de Janeiro, Jorge Zahar, 1990.

______. *Os estabelecidos e os outsiders.* Rio de Janeiro, Jorge Zahar, 2000.

ENGUITA, Mariano. *A face oculta da escola*. Porto Alegre, Artes Médicas, 1989.

ENRIQUEZ, E. "Imaginário social, recalcamento e repressão nas organizações". *Revista Tempo Brasileiro*, *36/37*, 1974.

______. "Les institutions: amour et contrainte, consensus et violence". *Connexions*, 30, Psychosociologie, Sciences Humaines, EPI, 1980.

FELMAN, Shoshana. "Educação e crise, ou as vicissitudes do ensino".

FERREIRA, Maria Inês Caetano. *Homicídios na periferia de Santo Amaro. Um estudo sobre a sociabilidade e os arranjos de vida num contexto de exclusão*. Mestrado em Sociologia. São Paulo, FFLCH/USP, 1998.

FOUCAULT, M. *Em defesa da sociedade*. São Paulo, Martins Fontes, 2002.

______. *História da sexualidade. A vontade de saber*. Rio de Janeiro, Graal, 1985.

______. "O sujeito e o poder". In: RABINOW, P.; DREYFUS, H. *Michel Foucault. Uma trajetória filosófica*. Rio de Janeiro, Forense Universitária, 1995.

______. *Vigiar e punir*. Rio de Janeiro, Graal, 1984.

FREHSE, Eike. *A democratização em xeque. Vicissitudes da progressão continuada no ensino paulista em 1999*. Dissertação de Mestrado. São Paulo, Feusp, 2001 (mimeo).

GIDDENS, Anthony. *Conseqüências da modernidade*. São Paulo, Ed. da Unesp, 1991.

GINTIS, Herbert. "Communication and Politics: Marxism and the 'Problem' of Liberal Democracy". In: APPLE, Michael. *Educação e poder*. Porto Alegre, Artes Médicas, 1989.

HALL, Stuart. *A identidade cultural na pós-modernidade*. São Paulo, DP&A, 2001.

KAHN, Túlio. "Violência nas escolas". *Paz nas escolas*. Ilanud, 2000.

KRIEKEN, Robert van. "A organização da alma: Elias e Foucault sobre a disciplina e o eu". *Plural*, Sociologia/USP, 3, 1996.

LEVI, P. *É isto um homem?* São Paulo, Rocco, 1988.

LIMA LOPES, José Reinaldo de. "Justiça e poder judiciário ou a virtude confronta a instituição". *Dossiê Judiciário/Revista da USP*, nº 21, mar./maio 1994.

MAIA, Paulo Borlina. "Vinte anos de homicídios no Estado de São Paulo". *A violência disseminada. São Paulo em Perspectiva. Revista da Fundação Seade*, v. 13, nº 4, out./dez. 1999.

MARTINS, José de Souza. *A sociabilidade do homem simples*. São Paulo, Hucitec, 2000.

MICHAUD, Yves. *A violência*. São Paulo, Ática, 1989.

NESTROVSKI, A. & SELIGMANN-SILVA, M. (orgs.) *Catástrofe e representação*. São Paulo, Escuta, 2000.

RANCIÈRE, Jacques. "O princípio da insegurança". *Folha de S.Paulo*, 21 set. 2003, Caderno Mais, p. 3.

ROLNIK, Raquel. "Exclusão territorial e violência". *A violência disseminada. São Paulo em Perspectiva. Revista da Fundação Seade*, v. 13, nº 4, out./dez. 1999.

SAFIOTI, Heleieth. "Já se mete a colher em briga de marido e mulher". *A violência disseminada. São Paulo em Perspectiva. Revista da Fundação Seade*, v. 13, nº 4, out./dez. 1999.

SALINGER, J. D. *O apanhador no campo de centeio*. 14 ed. Rio de Janeiro, Editora do Autor, s/d.

SCHILLING, F. *Corrupção: ilegalidade intolerável? CPIs e a luta contra a corrupção no Brasil (1980-1992).* São Paulo, Editora do IBCCrim/ Complexo Jurídico Damásio de Jesus, 1999.

______. "Ética, promessas". *Anais do 3º Colóquio do Lepsi.* São Paulo, Feusp/IP, 2002.

______. "Marx e Foucault: um estudo sobre o papel da violência, das leis, do Estado e das normas na construção do operário disciplinado". *Plural,* Sociologia/ USP, 4, 1997.

______. "O Estado do mal-estar: corrupção e violência". *A violência disseminada. São Paulo em Perspectiva. Revista da Fundação Seade,* v. 13, nº 3, jul./set. 1999.

SENNETT, Richard. *A corrosão do caráter — As conseqüências pessoais do trabalho no novo capitalismo.* Rio de Janeiro, Record, 2003.

SILVA, F. L. Lopes da. *Por uma genealogia da corrupção.* Dissertação de Mestrado. Campinas, Instituto de Estudos da Linguagem/Unicamp, 1992.

SINGER, Helena. *Discursos desconcertados. Linchamentos, punições e direitos humanos.* São Paulo, Fapesp/ Humanitas, 2003.

SKLIAR, Carlos. "Alteridades y pedagogías. O... ¿Y si el otro no estuviera ahí?". *Educação e Sociedade. Dossiê Diferenças. Revista Quadrimestral de Ciência da Educação*, Ano XXIII, ago. 2002.

SOUSA SANTOS, Boaventura de. *A crítica da razão indolente: contra o desperdício da experiência.* São Paulo, Cortez, 2001.

______. *Pela mão de Alice. O social e o político na pós-modernidade*. São Paulo, Cortez, 1995.

______. e outros. "Os tribunais nas sociedades contemporâneas. *Revista Brasileira de Ciências Sociais.* São Paulo, USP, nº 30, fev. 1996.

SPOSITO, Marília Pontes. "A instituição escolar e a violência". *Cadernos de Pesquisa* da Fundação Carlos Chagas. São Paulo, Cortez, nº 104, jul. 1998, pp. 58-75.

______. "Um breve balanço da pesquisa sobre violência escolar no Brasil". *Educação e Pesquisa. Em foco: violência e escola*. São Paulo, USP, v. 27, nº 1, jan./jun. 2001.

______. "Os jovens no Brasil. Desigualdades multiplicadas e novas demandas políticas". São Paulo, Ação Educativa, 2003.

TAVARES DOS SANTOS, José Vicente. "A violência na escola: conflitualidade social e ações civilizatórias". *Educação e Pesquisa*. São Paulo, Feusp, v. 27, nº 1, jan./jun. 2001.

______. "Por uma sociologia da conflitualidade no tempo da globalização". In: TAVARES DOS SANTOS, J. V. (org.) *Violências no tempo da globalização*. São Paulo, Hucitec, 1999.

TODOROV, Tzvetan. *Memória do mal, tentação do bem. Indagações sobre o século XX*. São Paulo, Arx, 2002.

______. *O homem desenraizado*. Rio de Janeiro, Record, 1999.

VÁRIOS. *Relatório de Cidadania. Os jovens e os direitos humanos*. Rede de Observatórios de Direitos Humanos. São Paulo, Instituto Sou da Paz/ Núcleo de Estudos da Violência — USP. PNUD, Ministério da Justiça – SNDH, 2001.

VÁRIOS. "Violência e mal-estar na sociedade". *A violência disseminada. São Paulo em Perspectiva. Revista da Fundação Seade*, v. 13, nº 3, jul./set. 1999; out./dez. 1999.

WACQUANT. Loïc. *As prisões da miséria*. Rio de Janeiro, Jorge Zahar, 2001.

______. *Os condenados da cidade.* Rio de Janeiro, Revan/UFRJ—FASE, 2001. (Ver edição com revisão geral de Cláudio César Santoro.)

ZALUAR, Alba. *O condomínio do diabo.* Rio de Janeiro, Revan/UFRJ, 1994.